寻根溯源学汉字  轻松

一字一世界

②
B–C

颜煦之 著

认识汉字·理解汉字·掌握汉字·运用汉字

湖南教育出版社

图书在版编目（CIP）数据

一字一世界. 2, B-C / 颜煦之著. -- 长沙：湖南教育出版社, 2019.4
ISBN 978-7-5539-6409-6

Ⅰ. ①一… Ⅱ. ①颜… Ⅲ. ①汉字—通俗读物 Ⅳ. ①H12-49

中国版本图书馆CIP数据核字(2018)第232493号

责任编辑：李　好　｜　丛书策划：申晓华　｜　审读统筹：申晓华
　　　　　　　　　　｜　版式设计：申曜年　｜　责任校对：韦晓慧

一字一世界　2, B-C
YI ZI YI SHIJIE　2, B-C

出版发行：湖南教育出版社
　　　　　（地址：湖南省长沙市韶山北路443号　邮编：410007）
经　　销：全国新华书店
印　　刷：北京盛通印刷股份有限公司
　　　　　（地址：北京市经济技术开发区经海三路18号）
版　　次：2019年4月第1版
印　　次：2019年4月第1次印刷
开　　本：787 mm×1092 mm　1/16
印　　张：13
字　　数：160千
定　　价：39.80元
书　　号：ISBN 978-7-5539-6409-6

曹文轩

为他人写序无数，还从来没有一次像写这个序那样踌躇，那样焦虑，那样迟迟不能下笔，一再延宕。本是一件"轻而易举"的事，却总是不能完成，几乎日日纠结在心。自己都觉得奇怪。今天，终于坐到了桌前。因为，实在不能再拖延了——那边在急切地等着发稿呢。

造成如此状况，大概是因为我和煦之先生的友情实在太深、太浓、太厚了——总想写一个对得起朋友的序，正是这番对友情的特别在意，使得自己反而一拖再拖难以落笔了。

其实，这个序写得好或坏是无所谓的，甚至可以没有这个序，因为，他做的事，白纸黑字都明明白白地摆在眼前，其价值和意义是不用人再絮叨的。写个序，只是戴个"帽子"，不至于看上去太"秃"罢了，将区区一个小序看得那样"严重"，实在没有必要。

两年前在南京与煦之先生相会，他送了我一套他著的趣谈汉字的书，厚厚四册，我当时十分吃惊。回到酒店，埋在沙发中翻看，见他做的竟然还是含了学术——甚至是很学术的事情，更是吃惊。后来，我遇见谁都会提起这套书，一说书的妙、书的趣；二说煦之先生做事总不按常规，动不动就干出出人意料的事情来。不久，与好友方国荣先生谈出版之事，听他兴致勃勃地说要做一套关于汉字与人生方向的书，便立即将煦之先生的著作介绍给他。他也吃惊不小，很快就和煦之先生联系上了，没想到煦之先生竟神奇地又成就了一套方国荣先生心中所希求的新书。

此套书共十一册，还是关于汉字的。

细想想煦之先生做成此事，其实也无令人吃惊之处。他这个人，既是性情中人，又是一个执专心的人。一旦决定做一件事了，天底下也就只有这样一件事了。雷打不动，五头大牛未必能将他拽回。若是在夏季做事，你都能想见他干活时的样子：将门关住，短裤背心，甚至赤膊上阵，宽阔的脑门子上汗津津的，短而厚的手捏住笔就不肯放下，困顿时冲冲凉水澡，拍拍胸脯，拍拍脑门，提提神，接着再干。你以为他做的事，总出乎情理，而事实上，他做事就像他的体型一般稳重，方而正。这也是他的品格。

这一回，他的事做得有点大。

汉字文化，是个大题目，是一个意义非凡的大题目。九年义务教育新课程标准已经出台，与此前课标相比，其中一条被特别强调：要使学生懂得，汉字不只是一种纯粹的书写符号，也蕴含深厚的文化。煦之先生的研究事先当然与新课标毫无关系，只是他的思考与新课标的新维度暗合了。这也许是真知灼见者的不谋而合——所谓"英雄所见略同"。这套书，无意中可成为日后学生和语文老师学习、讲解语文的难得的参考书籍。

汉字是中国人极端聪明、非凡才智的结晶。有人在拿它与种种拼音文字进行比较时，故作深刻地说拼音文字是高度抽象能力的结果，那意思是说人家的东西要比我们的技高一筹。此等说法，不免肤浅。他们将象形文字的汉字，看成了依样画葫芦式的幼稚了，殊不知它的抽象能力其实是无与伦比的。这一个个神秘的方块字，无所不能，说事说理，皆妙不可言。我们可用它最完美地叙述这个世界，也可用它阐述这个世界上最精辟的原理和哲思。它的高度活性，字与字之间的微妙差异以及组词之后的无限能力，是任何一个熟练掌握它的人都会感到惊讶的。它是"魔方"。具象与抽象的完美统一，已抵达天造地设般的境界，使人觉得它本是造物主所使用的文字，是天然的。

更妙的是，一个个字，并不只是说事说理的符号，它们自身就是有意味的，甚至是有无穷意味的，一个个都是可以加以解读和欣赏的。从它们诞生的那一刻开始，它们就负载了若干意味。它们在不断变形的过程中，还暗含了历史的变迁。到了今天，每一个字，都有它的历史。"一字一世界"，还不抽象吗？抽象程度还要多高？可它确实又是形象的，因此，它与别种文字相比，又有了一个特殊的功能：审美。

它直接产生了一门艺术：书法。

从古至今，那些书法大家，用他们各具特色的书写，为我们提供了一个丰富的艺术世界。这个世界陶冶了中国人的性情，提升了中国人的生命境界。

煦之先生对汉字的认识价值和审美价值的理解与分析，就在这十一册书中。

写到此处，我忽然想起两件事来。一件是，好几年前，有个思维独特的年轻人四处奔走，并到处分发传单，说他经过长时间的研究发现，以英语为代表的拼音文字，其实也是一种象形文字。可是没有一个专家理会他。现在，这个年轻人不知到哪里去了，不知是否还在坚持他的"异端邪说"、继续他的"荒唐"研究。另一件是，一个大规模的制作和推广英语电子词典的公司的老板，向我展示了他的研究成果。他的研究成果与那个年轻人的结论一致，只是更加学理化：英语，也是一种象形文字。他当场向我解读了一个个英语单词，告诉我它们都是"象形的"。这个老板是学英语出身的，我当然不敢苟同他们的看法。但这两件事，倒使我看到了一个认识上的变化：作为象形文字的汉字，倒成了人家比附的文字了。

进入汉字魔方吧，其乐无穷。

2014年11月1日于北京大学蓝旗营小区

曹文轩，当代著名作家，精擅儿童文学，任北京作家协会副主席，北京大学教授，现当代文学博士生导师，儿童文学委员会委员，中国作家协会鲁迅文学院客座教授，是中国少年写作的积极倡导者、推动者。主要文学作品有《山羊不吃天堂草》《草房子》《天瓢》《红瓦》《根鸟》《细米》《青铜葵花》《大王书》等。

自序

当你拿起这本书，翻到这一面，我们就算有了一面之交。我很想拉着你的手，跟你聊两句。不多，就这么几句。

我这人一生与书有缘：读书、教书、编书、写书、出书、卖书、藏书……虽然如此，而今我却还是常读错字、写错字、用错字，还有很多不认识的字。究其原因，跟自己菲才寡学、天资愚钝有关。另外，恐怕跟汉字既多又难认难记有关。

汉字大约有十万个，常用的虽然只有三千来个，但要记住却非易事。据说，外国人把最难办的事说成"这比学汉字还难"。正因为此，近几十年来，国家成立专门机构，搞汉语拼音和汉字简化。

如今，全球有数千万"老外"学汉语，加上母语为中文的华人，使用汉字的多达十四亿人。怎样让这么多人轻松愉快地学汉字，是件十分有意义的事。我愿为此稍尽绵薄，所以编写了这本书。

汉字，是世界文化的明珠，是中华民族的骄傲。汉字，是先民们历经数千年，把对自然和社会的认识，巧妙地移植到一笔一画上而形成的。汉字，源远流长，魅力无穷，超群绝伦，华夏儿女应该发扬继承。

汉字，不仅仅是符号。对汉字，光凭眼睛看是不够的，形、音、义三位一体，那得细细品味，慢慢咀嚼，才能品出味儿来。有些字，是一幅生动的图画；有些字，是一个有趣的故事；有些字是一段复杂的历史；有些字，说的是生活常理；有些字，谈的是科学道理；有些字，讲的是深刻的哲理。每一个字，都值得我们欣赏、品味和探讨。若三五同好，聚在一起，谈古说今，咬文嚼字，得其三昧，那真是其乐无穷。

前人和当今有识之士，对汉字做了大量深入的研究，著述浩如烟海，硕果累累。作为门外汉，我不揣冒昧，也挤将进来，凑个热闹。

我将两千多个常用字，以科学分析和有趣故事相结合的方式，编写成这套书。我所讲解的每一个字，分为前后两部分。前半部分，我将这个字的形成、演变过程以及字形、字义、读音作简要介绍。凡此，仁者、智者，各有见解。我博采众长，或综合为一，或分别罗列，任君选择。后半部分，我以小故事等形式，更形象、更生动地来解释这个字的形、音、义。我不仅讲这个字的用法，而且讲这个字的结构特征，讲这个字笔画的用意，讲这个字和相似字之间的区别。我还特别注意解释字的读音，以便区别这个字与其它谐音字之间的区别与联系。我讲了两千多个汉字故事，与这些故事相关联的汉字有六千多个，几乎包括了所有的常用字。这便是字中有字，这才是真正的汉字故事。

顺便说一句，这里的故事，有些是我的创作；有些是据资料编写；有些是来自民间的汉字俗解。其中有些内容，"俗文学"也罢，荒诞也罢，读者朋友切莫当真。你尽可把先贤们的论著当作学术理论，把我这儿写的，权且当作插科打诨。因为我的目的很简单，我只是想通过这些小故事、小笑话，以及诗词、对联、谜语、民歌、童谣、字谜、谐音、测字、解字、解梦，避讳这些形式，加上奇闻轶事、文坛掌故……以此搭座桥、凑个趣，使朋友们认识这些字，辨别这些字，掌握这些字，记住这些字。

我愿把这套书，献给对汉字情有独钟的朋友。让大家在茶余饭后，有个谈笑的话题。这种话题，雅俗共赏。

我愿把这套书，献给学汉字的外国朋友。让他们更多地了解汉字的丰富多彩。愿他们在轻松愉悦中掌握汉字。

我愿把这套书，献给青少年朋友们。让他们在课外阅读时，带着笑脸，品味每一个字的结构和内涵。

我愿把这套书，献给我的教师同行们，为他们在备课时提供点资料，使他们在讲课时增加点情趣，让他们在课堂上引发出阵阵欢笑声，使孩子们在寓教于乐中理解汉字的博大精深。

当你手捧这一套沉甸甸的《一字一世界》时，我要深情地向你介绍为这套书的出版作出不懈努力的至爱亲朋。首先要说的是我的出版人申晓华先生。他不辞辛劳，担当风险，近十年来不离不弃，专注于此书的出版发行。好友曹文轩先生，热情为这套书作序，为这套书增光添彩。资深编审王林军先生，是这套书第一版的责任编辑，他为这套书奠定了基础。著名画家，装帧设计家朱成梁先生，为这套书的第一版，设计了精美的封面和版式。著名漫画家何天卫先生和叶霆先生，为这套书提供了大量生动活泼的插图和图案。著名儿童文学家方国荣先生，为这套书的第二版出版，作出了不懈的努力。这套书由第一版的七百余汉字故事，增补为两千余故事，经历了十多年的艰辛创作，其间幸有编审谢芳女士，著名汉字研究专家唐汉先生，古典文学博士陈光先生，著名青年书法家陈义望先生……他们参与了这套书的审读、修订和把关，指出了书中的不足和差错，保证了这套书的出版质量。因为这套书讲的是汉字知识，出版社是以辞书的标准来保证这套书的质量的。

图书出版，是很难完美无缺的，总会留下一些缺憾。这套《一字一世界》也概莫能外。我壮志不已，耕耘不辍，仍在收集汉字故事，愿继续努力，将三千多常用汉字，都配上生动有趣的故事，编成一本既可当字典，又可当故事的"阅读字典"，以供读者朋友们赏阅。

说到读者朋友，我激动不已，感慨万千。自该书出版十多年来，因书中有我留下的手机号码，我先后收到一百余位读者来电。有的指出差错，有的提出建议，有的给予鼓励，有的提供故事，有的只讲了几句：感谢你，继续努力……

我决不辜负读者朋友的厚爱，再接再厉，使这套书日臻完善。如你购得此书，那我们也就心灵沟通，成为志同道合的文友。君不闻，前世修得八百次回眸，今生方得一次擦肩而过。你我有缘，你才翻阅此书。以书会友，是我三生有幸。

如蒙赐教，请记住我的手机号码：13705181009。我当洗耳恭听。

感谢你阅读此文！
感谢你阅读这套书！

二零一九年三月
于南京长江大桥塸

B

C

一字一世界

B

烙饼用的平底锅——丙

　　"丙"字的甲骨文、金文和小篆都是象形字，字形像古代人烙饼用的平底锅，也称饼铛（chēng）。字形的上面为圆形，也有方形，但都是平面的，中心略有一点鼓起来的样子，下面有低矮的三只脚支撑，三足之间可以生火烙饼。

　　金文承接甲骨文，但在中间加了个"火"字，以示用火烧之意。小篆的字形承接甲骨文。楷书的字形由小篆直接变来，写作"丙"。

　　"丙"字的本义指"饼铛"，即烙饼的平底锅。

　　也有学者认为，"丙"字的字形像一个安放锅盆的底座，其本义为"安放锅盆的底座"。但从"丙"字里的"火"字字形来看，作为安放锅盆的底座，也不必时时生火，还是指烙饼的平底锅较合理。

　　烙饼时必定用火，所以"丙"字由本义引申为"火"，"阅后付丙丁"指看过这封信后用火烧掉。在这儿"丙"成了"火"的代称。因"火"带来亮光，所以"丙"字又引申为"光明"。"丙"字左边加"火"字为"炳"，就是指"光明、显著"。"彪炳"指文采焕发、照耀，"彪炳千秋"就是形容伟大的业绩流传千秋万代。

　　"丙"字假借指天干的第三位，或用作顺序的第三位：甲、乙、丙、丁。第三等属"丙等"。按级数论，"丙"字属第三级"丙级"。

　　"丙"字也作姓氏用。

两人同去一人归——丙

无锡梁溪谜语研究会的同仁这天聚会，商讨几个字谜的谜面供中秋节灯谜会采用。

今日讨论有关"丙"字的谜面，一共有十几个。小陶先选了几个读给大家听。

"人分两地"，指把"两"字里的两个"人"字分在两地，就是说从"两"字中分一个"人"字出去，剩下的就是"丙"字。思考这则字谜时要让思路转个弯，要从"两"字联想到"丙"字。

"两方少一人"，指"两"字少一"人"，剩下的是"丙"字。这与前面相似。

"再进一人成双"，指"丙"字里再加个"人"字，变成"两"字。"两"又表示成双。

"内外一致"，这个字谜在表达上设计了一个陷阱，"内外一致"这句话会让你摸不着头脑。仔细一想，"内外一致"中的"致"字，指达到、实现。指的是"内"字外面有个"一"字，这样就成"丙"字了。这个谜面比前几个增加了难度，也显得很有特色。

"内外一条线"，指的是"内"字外面有一条线，上面这本是句口语，但若考虑到谜底，就能联想到在"内"字上面加一横，就成了"丙"字。这个谜面与上一个有异曲同工之妙。

"十室九空"是一个成语。十室九空，只剩下人了，这就是"丙"字。这个谜面言简意赅，很有特色。

最后，小陶重点介绍了"两人同去一人归"这一谜面。这则谜面选自唐代诗人徐月英的七绝《送人》中的诗句。"两人同去"，指"两"字中的两个"人"字同时出去。"一人归"，指两人同时出去后有一人归来，谜底便是"丙"字。大家一致认为，这则谜面既有诗情，又很高雅，也较难猜，为上品。

圆而扁的熟面食——饼

　　隶书的"饼"字写作"餅"是个左右结构的形声字。左边的"食"作形符，表示跟粮食饮食或食品有关。饼字右边的"并"字读"bìng"，作声符。

　　"饼"字同时又是一个会意字，左边的"食字旁"表示食物，右边的"并"字有"合并""并排""同时"等义，表示"饼"是用面粉和水及糖等料合在一起放在同个容器中烤熟或蒸熟的，有合并、同时等意思。再说，烤成的饼或蒸成的饼通常都是放在同一个炉子里或锅里烤熟或蒸熟的，等烤蒸后又同时堆放在一起出售，凡此，都有合并及同时之义，所以古人用"并"字作"饼"字的声符并会意。

　　"饼"字的本义指一种扁圆形的面食。如：烧饼、月饼、春饼、油饼、肉饼、烙饼、汤饼、馅饼、蒸饼、锅饼、煎饼、饼干等。

　　"饼"字由本义引申为"像饼一样的东西"。如：大豆榨油后剩下的渣子压成饼形称"豆饼"；柿子压扁后而成饼状食品称"柿饼"；还有田径运动项目中使用的"铁饼""画饼充饥"中的"饼"是画出来的饼。

"饼子生"和"丙子生"

却说北宋灭亡后,宋高宗赵构逃到南方,在临安,即今日的浙江杭州建立了南宋政权,过起了苟且偷安的日子。

赵构是北方人,喜吃面食,特别喜欢吃饺子、面饼、饼子之类的食物。

一天午后,赵构从山里打猎归来,饥肠辘辘,他传令御膳房快点送上饼子来。太监一级级传下去。专职做饼子的是李厨师,年近六十,技艺高超,他做的饼子无人可比。李厨师急忙和面擀饼忙碌起来。待他将饼放进锅里才烙了一会儿,小太监赶来,说皇上已经等不及了,正在发火呢。这小太监也不管锅里的饼子熟了没有,扒起来一股脑儿端走了。

赵构拿起饼子咬了一口,立即吐了出来,大吼道:"饼生的,怎能拿来给朕吃,来人哪,把厨师关起来!"可怜的李师傅,立即被关进了大牢。

李师傅被关进大牢这事先放在一边,暂且不提。却说这昏君赵构,不仅贪美食、好美色,他还喜欢看戏听曲儿,常把民间艺人召到宫里为他说唱逗笑,引他开心。最近有些艺人从洛阳来到临安,他们都是出类拔萃的说唱家,其中有位名叫小李子的喜剧演员,他演艺超群,将到宫里为赵构演出。据说,李厨师就是小李子的父亲,他是为搭救父亲,特地冒死从家乡赶来的。

这天,戏剧班子来到宫里演出,一出场便是三个演员装扮成三个书生赴京赶考,三人在路上互报姓名,又互问生辰。第一个说:"甲子生。"第二个说:"我俩同年,甲子生。"第三个由小李子扮的书生迟迟不敢开口,他忽地转向赵构,跪下假装哭泣道:"皇上,小的实在不敢说是何年生!"赵构摆摆手:"照说无妨,哪年生?"

小李子答道:"丙(饼)子生!"

赵构道:"丙子生有何可怕?"

小李子答道:"丙(饼)子生要关进大牢啊!"

小李子这一说,赵构才想起因饼子生而关进大牢的李厨师。经他这一提醒,赵构当即下令,将李厨师放了出来。

两人相并立——并

甲骨文

金文

小篆

隶书

楷书

　　现在的"并"字有三个来源。一个是"幷"，这是个会意字兼指事字。甲骨文的"幷"字，写作"　"由"从"和"二"组成。上面是两个并立的"人"字，下面两横是"二"字，指两人相合并之意。这"二"是指事合并的符号。另一个是"並"字。这是甲骨文的另一种字形，是两个"立"字，也是指二人并立之意。《说文解字》中还有个"併"字，由"人"字和"并"字组合的会意字。隶变后，分别写作"幷"与"並"，再加上"併"。这三个字形如今都简化写作"并"。"并"字的本义指"相合并"，表示"合在一起"，如合在一起出力称"并力"；侵占别国的领土或把别人的土地或财产据为己有称"并吞"；裁减合并称"裁并"；把这个并到那个里头称"归并"；结合到一起称"合并"；并吞也可称作"吞并"；还有兼并、一并、火并等词。

　　"并"字由本义引申指"同时、并排着"，如肩挨着肩，比喻行动一致称"并肩"；不分先后，同时举办称"并举"；不分先后，同时进行称"并进"；同时存在，同立称"并立"；并排平列，不分主次称"并列"；排列在一条线上，不分前后称"并排"；并排行走，同时实行称"并行"；不分主次，同等看待称"并重"。

　　"并"字作"连词"用，一般用于连接两个动词，如唱歌并弹琴、跑步并开枪；"并"字作"副词"用，放在否定词前面，加强否定语气，如并非如此、并不可怕。

"并"与"火并"

"并"字在好多词组中都有合作、合并、并拢、并存、并行等意思，但有个词却例外，它不是讲合作、合并，而是分裂、对抗、相毁，这便是"火并"一词。

"火并"作动词用，指同伙决裂，自相残杀或并吞。之所以用"火"与"并"组成"火并"，恐怕有两个原因。一是"火"有怒气之义，如冒火、恼火；二是古代"火"与"同伙"的"伙"通用，所以才有同伙因怒气而"火并"这个词。这里的"火"，应该侧重于同伙之义。

要理解这个词义也不难，我们只要想想《水浒》中"林冲火并王伦"这段故事就行了。

晁盖、吴用等人智劫生辰纲，得手后，他们知道官府会捉拿他们，他们无路可走，只有投奔梁山，入伙为寇，正式造反。

晁盖等人到了梁山，梁山首领王伦及先期被逼上山的林冲等人下山迎接。岂料，首领王伦心胸狭窄，他担心晁盖、吴用等人留在山上，会夺了他的第一把交椅，所以他只肯收留他们几日，不打算让他们入伙，此事引起林冲强烈不满，两人为此争吵起来。

吴用是个军师，他已看出王伦与林冲不和的端倪，且难劝和。他也看出王伦是个成事不足、败事有余的角色，不能共事。他同晁盖商量，认为要在梁山站稳脚跟，成就一番事业，必须利用矛盾，除掉王伦。他对晁盖亮了底："依我看，这山寨之主，还是由你担当。眼下林教头有火并王伦之意，他若有些心懒，我当火上浇油，也由不得他不火并！"

此后，王伦与林冲矛盾越来越激化。林冲是东京八十万禁军教头，凭武艺及权谋，王伦哪是对手。不久，王伦终于在跟林冲的火并中，被林冲一刀结果了性命。晁盖与林冲当了首领。

这段情节，为"火并"一词，作了生动形象的注解。

bìng
病

重 病 在身卧床不起

　　甲骨文的"病"字是个会意字。是由"人"字和表示床的"爿"字组成的。这个"爿"字读"pán"。本义指"墙"。与"片"字是同一个字，一正一反而已。在甲骨文里，字的正反是不固定的。后来这个"爿"字又用来表示床。这个床是竖着的形象，上面一个得了重病的人躺在床上。字形中还有几个小点儿，象征病人在出虚汗。在这里，"爿"字除了作形符，也兼表声符。

　　金文的"病"字由甲骨文演变而来，作了简化。小篆的字形将人的身体形状与"床"的形状叠合在一起，隶变后的楷书写作"疒"，这就是现在的"病字头"或"病字旁"。这是"病"字的本字。这个字的本义指"重病"。后来，由于"疒"字作了偏旁，古人便又在"疒"字里面加了个声符"丙"字，写作"病"，读"bìng"。这个"病"字就成了一个左上包围结构的形声字兼会意字了。

　　"病"字的本义指"人失去健康的状态"。如：病倒、病变、病毒、病房、病害、病故、病菌、病历、病情、病危、病症、发病、患病等。

　　"病"字由本义引申指"缺点、错误"，如毛病、通病、语病、幼稚病；由"错误"又引申指"弊端"，如弊病。由此又引申指"祸害、损害"，如：祸国病民；又引申指"不满、责备"，如"诟（gòu）病"，就是"指责"的意思。

病
小篆

病
隶书

病
楷书

内人端正无大"病"

民国年间，南京夫子庙文德桥头摆测字摊的胡铁嘴，可算是个杂家。这天，陈先生挽着病恹恹的老伴找上门来了。陈太太原是大户人家小姐，成天看《红楼梦》过日子，把自己弄得像林黛玉似的，弱不禁风，成天喊有病，但几十年下来了，仍是老样子。

陈先生苦巴巴地说："她又称病重了，还逼着我帮她找墓地呢。请你测个字，看能活多久。"

胡铁嘴笑笑："大妹子，说吧，测个什么字？"

陈太太答道："这还用问？就测个'病'字吧！这'病'字跟了我一辈子，赶也不走……"

胡铁嘴写了个大大的"病"字，缓缓道："大妹子，你知书识礼，一部《红楼梦》，你看得倒背如流了。想必你也知道'疾病'一词。小病称'疾'，大病称'病'。人常说大病一场，偶染小疾。其实你没什么病。头疼脑热，腰酸背痛，这是小疾而已。你几十年前是这样，如今六十大几了还是这样。否则，怕早就见阎王老子了。"

陈太太说："这个理儿我懂。我就是浑身不舒服，提不起精神来。"

胡铁嘴道："医书上说，内伤为病，外伤为疾。你外伤在哪儿？内伤是什么？你疑神疑鬼嘛。"

陈太太生气了："那我是没病装病啰？"

胡铁嘴劝道："只怪你对'病'字没看透。你看，你要测的这'病'字，上面一点一横，是'主'字的架势，主人安居在上，稳稳当当。病框子里面是个'丙'字。你是陈先生的太太，他称你为'内人'，你自称是'女人'，这个'丙'字里的'人'字端端正正地坐着，不缺胳膊不缺腿，不东倒西歪，哪有什么病相啊！"陈太太凑近看了看，满意地笑了。

胡铁嘴见状，随手写了个"疾"字说："你若要我为你测这个'疾'字，陈先生恐怕真要到乡下为你张罗后事了。因为这'疾'字是久病难医。你呢，不是这个命。你是家务事做得少，活动少，血脉不畅通，人就变懒，变得有气无力了……"

bō
波

水面起伏成波浪

小篆的"波"字写作"𤅩"是个左右结构的形声字兼会意字。左边的"三点水"作形符，表示跟水有关。"波"字的右边是"皮"字，读"pí"，作声符并会意。

"水"与"皮"相组合，指江河湖海水面掀起的波浪。因是指水面掀起的波浪，就跟水有关，所以古人用"水"字作"波"字的形符。

古人为什么用"皮"字作"波"字的声符呢？

甲骨文的"皮"字是会意字，本义指"剥取兽皮"。后来引申泛指生物的表皮。"皮"字作偏旁用，也可单用。凡从"皮"取义的字，都与表皮和像皮一样的东西等义有关。以"皮"作声符的字有波、披、破、被、彼等。皮有"表现""表层"之义。水流起伏也反映在水面上，也就是在表层上，所以古人以"皮"字作"波"字的声符并会意。

楷书的字形由小篆演变而来，写作"波"。

"波"字的本义为"江河湖海水面掀起的波浪"，如起伏不平的水面称"波浪"；大波浪，也比喻艰险的处境，称"波涛"；小波浪称"波纹"；还有波峰、水波、海波等词。"波"字本义引申指"物理学上振动传播的过程"，如波长、波段、电波、短波、声波、微波等词。"波"字由本义比喻"事情发生意外的变化"，如波动、波及、波折、奔波、轩然大波、平地风波。

"波"和"秋波"

"波"字指"波浪"，如随波逐流。有个词叫"秋波"，说起"秋波"一词的出典，有段名人故事。

李白与杜甫，是唐代两位最杰出的诗人。

李白现存的诗有九百多首。他的诗善于描绘壮丽河山的景色，对祖国的山山水水一草一木都寄予热爱之情。他有不少诗篇揭露了唐王朝的腐朽和丑恶，反映了人民的疾苦。他的诗题材广，想象丰富，词藻华丽，热情奔放，充满浪漫主义色彩，在文学史上被称为"诗仙"。

杜甫与李白是同时代的人，但他比李白小十一岁。他一生中贫困时间居多，在忧伤痛苦中度过。他的诗除了揭露统治者的腐败罪恶，大多流露了对人民苦难生活的深切同情，充满现实主义精神。现存杜甫的诗一千四百多首。他被后人尊称为"诗圣"。

"诗仙"与"诗圣"这两位伟大的诗人，在公元744年，即天宝三年曾在洛阳相遇，虽是初次见面，但结下了深厚情谊。第二年，两人又同游齐鲁大地，即今日山东一带。当时的山东太守名叫李邕（yōng），这也是位著名诗人和书法家。两人在李邕府第相聚，直到深秋，才在鲁郡，即今日的兖(yǎn)州城东石门分别。临别时，两人都很伤感，依依不舍，难分难离，李白赋诗相赠：

> 秋波落泗水，
> 海色明徂徕（cú lái）。
> 飞蓬各自远，
> 且尽手中杯。

有人将这五言诗解读为：秋天泗水，水波荡漾；波光照亮了徂徕山。与你分别，像蓬草一样飞舞，天各一方；喝了这杯酒，送君远行。

两人分别后，从此再也没见过。

李白诗中首句"秋波落泗水"中，留下"秋波"一词，本指秋天的水波，后人加以引申，指清澈明亮的目光，比喻美女的眼神，于是也便有了"暗送秋波"这一成语。

丝织品的总称——帛

　　甲骨文和小篆的"帛"字大致相似，都是个上下结构的形声字。

　　从甲骨文的字形看，它的上面是"白"字，是读音；下面是"巾"字，表明这个字与丝织品有关。

　　"帛"字的本义就是指丝织物品的总称，如布帛、财帛、玉帛。有句古话"化干戈为玉帛"，意思是结束战争，恢复和平。"干"，指盾牌，是一种防守武器。"戈"是长矛，属进攻武器。这两个字表示战争。

　　"玉"是玉器，"帛"是丝织品，这两种物品代表和平。因为"玉"是身份和等级的象征，"帛"代表财富，人们互赠礼物时常常用"玉"和"帛"，所以"玉帛"也就成了表示相互尊重和友好的词汇了。

　　古人常将画绘在丝织品上，或将字写在丝织品上，这些丝织品便是帛画、帛书。

秦·石鼓文

东晋·王羲之

东晋·王献之

《隶辨》

"皇"字头"帝"字足——帛

民间有一则"皇字头、帝字足"的测字故事，说的就是"帛"字。

这是明朝永乐年间的故事。

却说明成祖朱棣还在当燕王的时候，曾在一次微服私访中遇到一个测字先生，于是便写了一个"帛"字，要他拆解。

测字先生一看，顿时大惊失色，慌忙跪在地上，口中不停地说："小人有眼无珠，死罪，死罪！"

朱棣不明白怎么回事，忙问其中缘故。测字先生回答道："'帛'字为'皇'字头、'帝'字足，大人一定不是普通凡人呀！"

朱棣听了，也没放在心上，只是淡淡一笑。

后来事情果真如测字先生所说，朱元璋死后，朱棣发动了靖难之役，赶跑了建文帝，自己当了皇帝，成了明成祖。这"帛"字，不正是"皇帝"中"皇"字的头吗？下面的"巾"字不正是"帝"字中的下半段吗？

这个拆字故事，多半是后人编造的，未必是真事。

草木丛生之地——薄

bó
薄

古代"薄"字，是个上下结构的形声字兼会意字。上面的草字头是形符，表示跟花草树木有关，下面的"溥"字是声符，读"pǔ"。这两个字形组合在一起，指"草木丛生之地"。因指的是草木密集的地方，所以"薄"字用草字头作形符。

古人为什么用"溥"字作"薄"字的声符呢？

古代的"溥"字是个左右结构的形声字兼会意字。三点水为形符，"尃"字为声符，本义指水域广布的意思，后引申指"广大、普通"。也用来表示"草木满地"，所以"薄"字用"溥"字作声符并会意。

隶变后的楷书写作"薄"。

"薄"字的本义指"草木丛生之地"。由本义假借指物体的厚度小，如很薄的板称"薄板"；很薄的冰称"薄冰"。薄饼、薄片都指厚度极小，读"báo"。

"薄"字由"厚度小"引申指"不浓、冷漠"，如对人不薄、粥太薄、酒味太薄。由"厚度小"还引申指"土地不肥沃"，如薄田、薄地，读"bó"。

"薄"字由"不厚"又引申指"轻微"，如命运不好称"薄命"；不念情谊称"薄情"；酬劳不多称"薄酬"；单薄、不雄厚、不坚强称"薄弱"；淡薄、单薄、微薄、绵薄、稀薄等都指"轻微"的意思。

"薄"字由"轻微"又引申指"轻视、怠慢"，如鄙薄、菲薄、厚此薄彼、厚古薄今等；由"轻视"又引申指"不庄重、不厚道"，如刻薄、轻薄；还假借指"迫近"，如日薄西山、喷薄而出。

"薄"字读作"bò"时指清凉香味的"薄荷"。

"薄"字读作"bó"时，也作姓氏用。

薄
小篆

薄
隶书

薄
楷书

除草种竹，对"簿"公堂

在汉字中，有许多字字形相似，读音相近，而意思大相径庭。例如人们常用的"薄"字是草字头，读"báo"、"bò"或"bó"。而与它相似的"簿"字是竹字头，读"bù"，表示记事的账本簿册。古代的书记簿册是用竹简编成的，所以用竹字头。"对簿"就是根据文书来核对事实，后来引申指接受审讯，常用的词就是"对簿公堂"。许多人往往把"簿"字写成"薄"，读的人也不加细究，以为本该如此，就连一些记者和编辑也混淆不清呢。

却说无锡惠山大道有个华府花园，这是个别墅区。一座座联排别墅，掩映在绿树丛中，煞是宁静，每家门前有座小院子，小而灵巧，各家按主人喜爱，种点花草。

罗家主人是位画家，喜欢松竹梅，他将草地平了，种上一排竹子，几场春雨，将几棵竹子浇成一片竹林。这小竹林不仅挡住了隔壁顾家朝南的窗户，而且挡住了风，遮住了光，一阵风吹过，竹叶尽撒在顾家阳台上。为此，两家闹得不和，时有争吵。罗、顾两家，"锣鼓"相当，各不相让，最后不得不对簿公堂。故事的重点就在"簿"字上。

当地一家报纸为此案件做了报道，标题是《除草种竹，对薄公堂》。这篇报道，提出了一个严肃的社会话题：富有了的中国人，怎样才能建成和谐社会？记者文笔生动活泼，标题新颖别致，受到一致好评。但很多人却没发觉，标题中，将"对簿公堂"的"簿"字，错用成了"薄"字了。

有位文字功底颇深的老先生，给报社写了封信，文字极短，诙谐幽默。他借用原标题，写成一首打油诗：

> 除草种竹，薄字成簿。
> 对簿公堂，面皮太薄。

范围广博

　　古代的"博"字，是个左右结构的形声字兼会意字。左边的"十"字是形符，右边的"甫"字是声符，读"fǔ"。这两个字形组合在一起，指范围十分广大。古代的"十"字是个数目字，但这个字又有东西南北中齐备的意思，在这儿表示十分广阔。也有人认为，"十"字像十字路口，意为四面八方，各处都有的意思。所以"博"字用"十"字作形符表义。

　　古人为什么用"甫"字作"博"字的声符呢？因为古代的"甫"字有"散布、分布"的意思，只有散布开来、分布开来才广阔，所以"博"字用"甫"字作声符并会意。

　　"博"字的本义指"范围广大"，如土地广大，物产丰富称"地大物博"；对人类普遍的爱称"博爱"；多而广泛称"繁博"；动物、植物、矿物、生理等学科的总称为"博物"；博物馆、博闻强记、旁征博引等都是这个意思。

　　"博"字由本义引申指"知道得多，通晓"，如通晓古代的事情和当今的事情称"博古通今"；学识丰富称"博识"；学识渊博、学位的最高一级称"博士"；学识深而广称"渊博"；"渊博"也称"博雅"。

　　"博"字由"通晓"引申指"换取、取得"，如博得、博取；由此又引申指"赌钱"，如赌博。

　　"博"字也作姓氏用。

诗圣一百分——博

这天，杨老师继续跟同学们探讨区别字形字音相似的字。

杨老师在黑板上写了个大大的"博"字，说："同学们都称金一鸣是作文大王、小作家，依我看，他将来可以当博士……"

杨莎莉说："杨老师，别小看他，他要当博士后，将来要当博士生导师哩！"金一鸣站起来向四周点头哈腰："过奖了……"

杨老师夸奖道："他博览群书，博闻强记，博采众长，博学多才……"

杨老师正说着，金一鸣已走上讲台，在黑板上一连写了博、搏、簿、膊、馎、镈、礴、薄八个字。他还长长地吐了口气说："我这未来的博士，今天还分不清这几个'博'字的同伴呢。"

杨老师看了看，安慰道："别急，我们一个一个地学。"

有同学提出要求："怎样才能记住'博'字呢？"

杨老师想了想，问："古代的诗人当中，你们最喜欢谁？"有同学赞美李白，有同学赞美杜甫。杨老师告诉大家，李白称"诗仙"，杜甫称"诗圣"，他们同样伟大。说到这儿，他出了个字谜让大家猜，谜面是："诗圣一百分。"

同学们交头接耳好一会，没人猜得出。杨老师只好解释："这是个'博'字呀。'诗圣'指杜甫，就是'博'字右上角的'甫'字。一百分就是'十寸'，'博'字左边'十'字，右下角'寸'字，这就是十寸。再加上甫字，合起来不是'博'字吗？"同学们恍然大悟，一个"博"字，还包含了诗仙、诗圣、一寸等于十分这些知识呢。

金一鸣脑子灵活。他马上提问："杨老师，这么说诗仙李白就不满一百分喽？"

杨老师愣住了。金一鸣走上讲台，写了个"白"字说："百字还缺一呀。诗仙只有九十九分，不公平啊。"

五指之首大拇指——擘

擘
小篆

擘
隶书

擘
楷书

　　小篆的"擘"字写作"擘"是个上下结构的形声字兼会意字。上面的"辟"字读"pì"，作声符并会意。"擘"字下面的"手"字作形符，表示跟"手"有关。

　　"手"字与"辟"字组合，指在手指中最粗大的居于首位的大拇指。因讲的是手指中的大拇指，这跟手有关，所以古人用"手"字作"擘"字的形符。

　　古人为什么用"辟"字作"擘"字的声符呢？

　　甲骨文的"辟"字是个会意字，左边是个跪着的人，右边是"辛"字，表示刑刀。两形合一，指对人施加刑法之意。本义指行刑、处罚。后来引申指"法度"，又引申指"执法的君主"。在人的五个手指中，最大最粗最有力又占据首位的是大拇指。大拇指犹如五指中的君主。当人们表示敬佩、赞赏时总是竖起大拇指。正因为此，所以古人以"辟"字作"擘"字的声符并会意，以突出大拇指。

　　楷书的字形由小篆演变而来，写作"擘"。

　　"擘"字的本义指大拇指，如某方面居首位的人称"巨擘"；"擘画"也称"擘划"，作动词用，指筹划、布置，如擘画经营；机构新立，一切均待擘画。"擘"字是个多音字，读作"bāi"时，与"掰"字同义。人们在比赛臂力、腕力时，两人各伸出一只手握住，摆正后，各自用力，把对方的手压下去为胜，这就是"掰手腕"。

"擘"和"巨擘"

"擘"字作书面词用，指人的大拇指。我们常见的词叫"巨擘"。

早在战国时期，齐国有个性格很特殊的人叫陈仲子，他祖上世代为官，属名门望族。他的几个哥哥都很富有，良田千顷，富甲一方。陈仲子认为他们都是靠不义之财发家致富的，他羞于与他们交往，绝不沾他们的光。他带着妻子隐居到一个名叫於陵的地方，靠种麻、卖麻为生。

在当时，麻可织网织布。要将麻的纤维披开，经过浸泡、漂洗，再一根根连接、搓成线……这项工作很繁琐很费力。夫妻俩就过着这辛苦而又贫困的生活，连一日三餐都吃不饱。他在当地颇有名气，人称"於陵仲子"。

陈仲子死后将近二百年，已是战国时期。这一年，孟子到齐国拜访齐国将军匡章，两人交谈时，说到了陈仲子。匡章对陈仲子赞不绝口，认为他是个廉洁刻苦又自立的人。他隐居於陵，穷得三天吃不上饭，因贫病交加，后来耳朵聋了，眼也瞎了，饿得实在没办法，就连被虫子啃过的李子也拿来充饥。即使饿成这样，他也不乞求于人，这真令人敬仰啊。

孟子听了这番话，点头赞道："于齐国之士，吾必以仲子为巨擘焉！"这话的意思是：在齐国的众多名士中，我肯定要把陈仲子看作大拇指。

这句话表明，孟子对陈仲子也很赞赏，将他比作大拇指，表明他充分肯定陈仲子的为人品质。

孟子接着作了精辟的分析，谈了自己的观点。孟子认为像陈仲子这样的隐士，不可能脱离社会和人群。他得有房子住，他也要穿衣吃饭，不可能一切由自己生产创造。所以陈仲子想离群索居，他的这种愿望和现实是不可行的。

孟子对陈仲子的评价一分为二，很中肯，说得也实在。他所说的"巨擘"一词，后来成了人们常用的书面语，用来比喻杰出的人物，特别是在某一领域有突出贡献的人。

火烤的裂纹像 卜

甲骨文和小篆的"卜"字是个象形字。像什么？就像乌龟的甲壳或兽骨，在经过火灼或烧烤后留下的裂纹。

在远古时代，人们对大自然缺少了解，科学知识贫乏，认为人世间的一切都是由上天和鬼神决定的，所以无论做什么事，都要求天问地。

怎样问？就是将乌龟的甲壳或兽骨经过加工，然后放到火上烧灼。烤灼后会留下横竖交叉的裂纹，这些裂纹，也称为兆纹。专门负责占卜的人，就根据兆纹来判断事物的凶吉祸福。

在这些兆纹中，有不少就像"卜"字。再加上龟甲或兽骨在烧灼时，会发出"卜"的声音，于是便有了"卜"字。所以"卜"字就有"占卜""预料"的意思，还有"选择"的意思，如卜宅、卜居。

卜还读"bo"，组词如：萝卜。

"卜"，也是一个姓。

卜	卜	卜	卜
《隶辨》	魏·钟繇	唐·欧阳询	唐·褚遂良

卜	卜	卜
唐·褚遂良	宋·王巩	明·董其昌

腰间挂个葫芦——卜

明朝有位大文学家，名叫冯梦龙，他写过许多著名的小说。有一天，冯梦龙和朋友上街玩，见一个算命先生在柳树下挂牌摆摊，给人看相算命。

冯梦龙对这些一向不感兴趣，看也没看就从旁边走过去了。而他的朋友却深信此道，凑上前硬要算命的给他算上一卦。没办法，冯梦龙只得折回头，一声不吭地站在旁边，听那算命的瞎扯。

算命的见生意来了，忍不住唾沫横飞、滔滔不绝，仿佛他便是如来转世金星下凡。

冯梦龙听了一会儿，实在听不下去了，张口说道："先生，你既然如此有本事，我便出个字谜让你猜猜，你猜对了，方能说明你的本事。"

算命先生冷笑一声，狂妄地说："你说吧，没有我猜不出来的字谜。"

冯梦龙微笑着说："上无半片之瓦，下无立锥之地，腰间挂个葫芦，嘴里阴阳怪气……"话音刚落，围观者们都哄堂大笑起来。

算命先生先是一怔，但马上就明白过来，脸一下子红到了脖子根。原来，冯梦龙的这个谜底就是"卜"字。

把破损衣服 补 好

    繁体的"补"字写作"補"，这是个左右结构的形声字兼会意字。左边的衣字旁是形符，表示跟衣服有关，右边的"甫"字是声符，读"fǔ"。这两个字形结合在一起，指"把破旧的衣服整修好"。

    古人为什么用"甫"字作"補"字的声符呢？因为"甫"字在甲骨文中就有了，它的本义是"加在男子名下的美称"，含有美好的意思。衣服经过缝补修整，会变得更加整洁美观，所以"補"字用"甫"字作声符并会意。

    "補"字简化后写作"补"，这个"补"字依然是个左右结构的形声字兼会意字。左边的衣字旁是形符，右边的"卜"字作声符，读"bǔ"，这样的读音与"补"字更相似了。更妙的是，这个"卜"字像开裂了，用来表示衣服已经破损开裂，需要修补了。

    "补"字的本义是"把破损的东西整修好"，例如：缝补衣服。补在破衣服上的东西叫"补丁"；牙齿掉了叫"补牙"；东西坏了叫"修补"；袜子坏了可以"织补"；羊逃掉了，再去修补羊圈叫"亡羊补牢"。

    "补"字由本义引申指"把不足或缺少的部分充实、添全"，如填补不足叫补充、补偿、补给；另行考试叫"补考"；补教所缺的功课称"补课"，也叫"补习"；补买车船票叫"补票"。补助、补抵、帮补，都是"补足"的意思。

    "补"字由本义又引申指"滋养"，如补品、补养、补液、补药、滋补。

    "补"字还由本义引申指事后改正，如补正、补遗、补报、补办、补过、弥补。

"补"字也作姓氏用。

左袖小了一点——补

无锡东门中学最近转来一位美国留学生。这是个十四岁的小男孩，名叫牛皮•唐，父母在一所大学教外语。他在中国时间长了，会讲普通话。他跟金一鸣同桌，两人很快成了好朋友。

这孩子原名皮特。他父母在百家姓中为他选了个"牛"姓，就成了牛•皮特。中国人听了不习惯，就改为牛皮•唐。尽管这样，听起来还是怪怪的。

牛皮•唐也成了课题组成员，为课题组的活动增添了不少有趣的事儿。

这天，杨老师继续和同学们探讨如何识别字形相似、读音相近的字。他请几位同学到黑板上默写几个字：补（bǔ）、捕（bǔ）、哺（bǔ）、辅（fǔ）、浦（pǔ）、脯（pú、fǔ）、铺（pù、pū）、谱（pǔ）。

结果，好多同学没按字的意思写，有的搞混了。特别是"补"字，将左边的衣字旁"衤"写成了示字旁的"礻"，少了一点。金一鸣还振振有词："呀，我一直这样写的啊。"

牛皮•唐问："老师，这一小点有关系吗？"

杨老师夸张地说："啊，你将一件普通的衣服，变成了神灵了。只有神才用示字旁。"

牛皮•唐摇摇头，没听懂。这时，杨老师看到金一鸣左手毛线衣袖缩进了一点儿，开玩笑地说："你看他左手衣袖小了点儿，该补一下啦。"说着，将那衣袖拉出一点，两边就整齐了。杨老师指着"补"字说："这就像这个字，左边是衣字，右边你也可以看作是'小'字。如若左边少了一点，剩下'小'字，而'衣字旁'就成了'示字旁'了。示字旁跟神灵、祖先、祈祷、祭祀有关，跟衣服、被单没关系。由补衣服引起的修补、补充这些词义就不会出现了……"

同学们听了，这才加深了印象。

受阻挡不能再继续

　　"不"字是个副词，表示对行为动作和性质的否定。人们几乎每天都要用到这个字，表明自己对一些事物的认识或态度。

　　"不"字的笔画虽简单，意思虽单一，但要说清它的字形和本义却并不简单。

　　在甲骨文中，"不"字由两部分组成。上面是一横，下面是根须状的三条线。有专家认为，这一横表示尺，下面的三条线就像一只鸟，表示一只鸟在天空盘旋，然后冲天而去，不再落下来。

　　也有学者认为，"不"字上面的一横表示地面，下面部分像种子萌发时向地下生长的根须，因此"不"字的本义是植物的胚种，后来因借用为否定词，它的本义反而逐渐消失了。

　　将"不"字一横下的那部分，无论看作是鸟儿，还是植物的根须，似乎都有点牵强，不能令人信服。

　　我们也可合理想象，把那三条曲线看作是三条奔流不息的大河，被前面的一横挡住了去路，不能再继续向前了。

　　看来，我们不必苛求那三条曲线是鸟儿，还是根须，或者是河流，我们尽可看作是三股来自不同方向的力量，现在汇聚到一起，本想继续向前，但被"一"阻碍了去路，不能再继续向上或向前，这就是"不"。这种无形的力量是十分巨大的，所以古代的"不"有"大"的意思，跟"丕"字通用。也许，正因"不"有这层意思，所以它才被更改原意，担当起否定词的重任。

"不"字竖看是"一个"

南宋乾道四年，温州有一个名叫弓舆的人，和六七个同乡相伴而行，去赶赴省试。

途中，他们在一座寺庙歇息的时候，弓舆不知不觉睡着了。梦中他发现自己走进了一间大房子，房里的柱子上贴了一张纸，上面写着"弓舆不得"四个大字。弓舆惊醒后，回想到梦中的那四个字，顿时心灰意冷，看来这次省试必定落榜无疑了。

虽然他对省试失去了信心，但在同伴的劝说下，还是硬着头皮上阵了，谁知结果竟大出他所料，除了他一人应试中选，一起赶考的同伴全都榜上无名。大喜之下，他逢人就说："别再相信梦灵验了，我做的梦就名不副实，害得我差点放弃了这次考试。"

有一位好事者听了，摇头说道："'不'字拆开，乃是'一个'呀！神灵分明是说'弓舆一个得'，只是他当初不会解罢了。"

这位好事者的解释，也很有趣。因为古人写字是竖行排列的，"不"字若竖看，确实有可能读成"一个"。这个"梦"不可信，但把"不"读成"一个"倒是有可能的。

一字一世界

用棉麻织成的 布 料

金文的"布"字写作" "是个形声字兼会意字。上面是"父"字，作声符，读"fù"，下面的"巾"字作形符。这两个字形组合在一起，指"用绵麻等含纤维的植物织成的材料"。织成的布像"巾"一样，所以用"巾"作形符。

古人为什么用"父"字作"布"字的声符呢？因为"父"字代表父母长辈，"父"是一家之主，而布是做衣服的主要材料，所以"布"以"父"作声符并会意。这"父"字经演变，只剩下一撇和一横，成了今天的字形。

古代还没有棉织品，只有麻一类的材料，但麻布也十分稀缺。后来随着麻布材料的丰富，"布"不再是高等材料，就被称为"麻布"，把更高级的丝织品称为"帛"，麻织品称为"布"。

"布"字的本义指用"棉纱、麻纱等织成的材料"。如丝织品的总称为"布帛"；质地粗糙的布为"土布、大布"；粗而厚的布称"帆布"。还有画布、抹布、幕布、尿布、绒布、纱布、台布等。

古代平民百姓穿布衣服，所以称"布衣"；做错事想遮掩，称"遮羞布"。

"布"字由麻布引申指"展示、铺开"的意思，如布展；对一些活动作出安排叫"布置"。

"布"字由"展开"又引申指"散布、分布"，如布满、遍布。由本义又引申指"流传、分散"。把财物施舍给别人叫"布施"。由"分布"又引申指"安排、陈设"，如打仗时摆下阵势叫"布阵、布防"。

"布"字由"流传、散布"又引申指"宣告、陈述"，如公布、宣布、开诚布公。

"布"字也作姓氏用。

不能起杀心——布

　　胡铁嘴的好友徐文才，是大石坝街茶叶店老板。这天晚上，他来到胡铁嘴家，神秘兮兮地讲了半天，关照他，明天有个人来测字，劝他忍为上，不要出人命案子……到底是件什么事？原来，徐文才有个远房表舅叫布有带，跟徐文才一样，开家小茶叶店。他有一儿一女。他跟儿子在外打拼，雇了个小伙计看店。没想到，女儿跟那小伙计私定终身，两人卷了家中金银细软，逃到句容茅山去了。布老板气得七窍生烟。他儿子动了杀心，想雇人把那小伙计废了，把妹妹抢回来。

　　胡铁嘴听罢，心中有底了。

　　第二天，徐文才领着布老板来了。胡铁嘴不动声色，问他测何字，测何事。布老板说："在下姓布，就测布字吧。小女婚事不顺，我想把她接回来……"

　　胡铁嘴边听，边写了个"布"字说："儿孙自有儿孙福，这暂且不谈。我见你气色不好，开口就要测'布'字，那我就字测事，请问大名……"

　　布老板忙答道："在下名有带。先祖起的。"

　　"好名字。"胡铁嘴赞道，"这'布'字是'有'字头，'带'字足，头尾齐全，儿女成双，与你名字相符。你先祖起这名字能保你一世平安，但……"

　　胡铁嘴拖腔拉调，把布老板胃口吊足了，才接着说："你这'布'字就像穿的布一样，经不起火烧刀剪瞎撕扯。'心'字是横放的，一旦竖起来成竖心旁，你这'布'字就成恐怖之'怖'，终日惶惶不安了。"

　　布老板忙解释："我并无坏心，只希望接回女儿……"

　　胡铁嘴抓住这句话，写了"希望"二字说："希望接回女儿，这是人之常情。但你不能动杀心。"

　　徐文才在一旁劝道："嫁鸡随鸡、嫁狗随狗，女儿就随她自己吧。那点钱就当陪嫁啰。"布老板听了，嘴唇抖了一下，点了点头。

两脚一前一后走——步

　　甲骨文和金文的"步"字，就像一个人迈开左右两只脚，一前一后地向前走。甲骨文的"步"字是线条状的，金文的"步"字是色块状的，显得很厚实，更像人的一双脚。

　　根据字形分析，无论是甲骨文还是金文，这两只脚的脚形正好相反，就像一个人的脚，分为左脚右脚。

　　"步"字上面的"止"是左脚。下面的"少"是右脚。这右脚的"少"，原本是反方向的"止"字，后来略有变形，但切不可写成"少"字。若写成"少"字，就是错字了，所以不能加上那一点儿。

　　人在走路时，往往先迈左脚。停步时，也大都停在左脚上。所以左脚的"止"有停止的意思。

　　"步"字的本义就是行走，不是快走，而是慢慢地走。步步为营就是一步一步地向前推进。

　　"步"字表示走路，不是乘车或骑马。骑马的士兵称为骑兵，徒步行走的士兵称为步兵。

　　"步"字的字形是两只脚一前一后，所以又引申为跟随的意思。人家在前面走，脚步扬起尘土，你跟在别人后面，这就叫步人后尘。

　　用脚走路，就会有一长段的距离，"步"就引申为阶段，如初步、一步比一步困难。

　　用脚走路总要走到一个目的地，这样"步"字又有了地步、境地的意思，如不幸落到这个地步。

　　"步"字在古代是一种长度单位。古人以举足一次为一跬，举足两次为一步。现在人们在估量距离时，也常说走了多少步。

最难猜的字——步

制谜与猜谜，就像写侦探小说和看侦探小说。前者要想方设法布置谜阵，设置障碍，要让看书的人或猜谜的人误入歧途，难以找到答案。这是知识和智慧的抗衡。

这天，南京金陵谜社的头儿老马，把谜友小刘、大冯几个人找来，说下月夫子庙举办灯会，要拿出几个最难猜的谜语当拦路虎。几个人商量来讨论去，觉得要以字谜为主，在笔画上做文章。

小刘提出一个："一字一万撇。"几个人一琢磨，觉得谜面字数虽少，但"一万撇"三个字会使人想到就是把"一"和"万"再加一撇联系起来，这就很容易猜出是个"厉"字，这恐怕难不住那些猜字高手。

大冯提出："木字一撇少，禾字一撇小。"

几个人推敲了一番，觉得要猜出这个字有点儿难度，这就是说，把"木字一撇少"所提到的字和笔画都罗列出来，就是"木"字、一撇，还有"少"字。把这三部分合起来就是个"秒"字。同样，把"禾字一撇小"所提到的字和笔画罗列出来，就是"禾"字和一撇外加"小"字，三部分合起来也是个"秒"字。

几个人再三推敲，觉得要猜出这个字虽有难度，但仍不是最难的，老马说："我有一个，'加上一直，减少一点'，你们看如何？"

这个字谜，让人摸不着头脑，在哪儿加一直，在哪儿减一点呢？原来说的是在"上"字的边上加一直变成"止"字，将"少"字减去一点，成为"少"，合起来是个"步"字。

大家认为，这个字不仅难猜，还能使经常在"步"字上多加一点的人留个印象。对，就把这个当作最难猜的字吧！

心中恐慌惧怕——怖

古时的"怖"字，是个左右结构的形声字兼会意字。左边的竖心旁是形符，右边的"布"字是声符，读"bù"。这两个字形组合在一起，指"一个人内心恐慌、惧怕"。

恐慌惧怕，跟人的心理活动有关，所以"怖"字以竖心旁作形符。古人为什么用"布"字作"怖"字的声符呢？因为"布"在古时不易生产，是稀罕之物，人们穿在身上，随时随地，小心翼翼，怕它被弄脏弄破，所以产生惧怕心理。而"怖"有恐怖、惧怕的意思，所以"怖"字用"布"字作声符并会意。

小篆的"怖"字以"心"为形符，"布"为声符。还有个异体字以"甫"为声符。隶变后楷书写作"怖"与"悑"。如今以"怖"为正体。

"怖"字的本义指"害怕、恐慌"，如由于生命受到威胁或残害而恐惧称"恐怖"；使人感到害怕称"可怕"，也称"可怖"。恐怖分子、白色恐怖、情景可怖等中的"怖"都是可怕的意思。

金文

小篆

隶书

楷书

瓦当欣赏

秦汉画像瓦当

精心布下的圈套——怖

这天，南京夫子庙测字大师胡铁嘴给一位熟人老板测完了字，刚坐下喝口茶，他的好友徐文才来了。

徐文才跟他讲了件恼人的事。他说如今的骗子手段毒辣，新街口有家出版公司，专门出版图书杂志，兼营薄本账册及广告宣传单的业务。小型印刷厂纷纷上门寻求印刷业务，一些跑街的就从中介绍，让印刷厂与出版公司签订合同。出版公司承诺，每年给印刷厂多少业务，中间人从中获百分之二中的介费。协议签订后，印刷厂老板给中间人付了钱，出版公司随即下达任务，但有个条件：必须保证印刷质量。这是理所当然的，但印刷厂送去的印制样品，出版公司总是说质量不过关，你印得再好，他们也找出毛病来，要你重印。有些厂家自认倒霉，而这正中这家骗子公司下怀。其实，他们和中间人是一伙的，就是抓住印刷厂老板的心理，布下圈套。

胡铁嘴听罢，呵呵地笑道："我刚给洪鑫印制厂的王老板测过字。他拿了份合同给我看，跟你说的一样，我就晓得他上当了。他不信，硬要我测个字。他从布袋里摸出个'怖'字，经我一番解说，他才相信，恨得咬牙切齿。"

徐文才好奇地问："'怖'字跟这事有什么关联？"

胡铁嘴写了个"怖"字说："'怖'字左'心'右'布'。'布'有布置、设置、铺开、传播之义，这事明摆着，是个精心布置的圈套啊。凡精心布置的圈套，最容易使人上当，所以很可怕，也就是很可怖。"

徐文才笑道："你这一说，他就信了吗？"

胡铁嘴说："他起先不相信。我告诉他，这'怖'字左为'心'，右边的'布'字有'希望'的'希'字之形，但上面是'杀'字头，他一心所望，被一刀砍断了。"

徐文才问："他这才死心了吧？"

胡铁嘴说："他还心存希望。我说这'怖'字左为'心'，右为'布'。'布'者，三国枭（xiāo）雄吕布也。吕布之心，反复无常，且又毒辣。我劝他上当学乖，就此了断吧。"

记事记账的本子——簿

小篆的"簿"字写作"𥴩"是个上下结构的形声字兼会意字。上面的"竹字头"作形符，表示跟竹子有关。下面的"溥"字读"pǔ"，作声符并会意。

"溥"字与"竹"字相组合，指用来记事或记账的本子。

在未发明纸之前，古人将文字都写在木片或竹片上。写在木片上称"牍""dú"，这就是文牍、案牍、尺牍。写在竹片上称"简"。将一片片木片或竹简串起来装订成册就是"书"，或是记账记事的簿本，或简称"本子"。因本子是用竹片制成的，所以古人用"竹"字作"簿"字的形符。

古人为什么用"溥"字作"簿"字的声符呢？

小篆的"溥"字是个左右结构的形声字兼会意字。左边的"三点水"是形符，表示跟"水"有关。右边的"尃"字作声符。这"尃"字本义指将幼苗种苗圃里，幼苗成长壮大，后引申指"扩散""散开""散布"之义。"尃"与水组合指水广布四野，后泛指"广大"，又引申指"普遍"。因"溥"有"大"的意思，而记事记账的"簿子"要比一般书本要大，所以古人用"溥"字作"簿"字的声符并会意。

楷书的字形由小篆演变而来，写作"簿"。

"簿"字的本义指"供记事或记账用的本子"，如记事记账的本子称"簿册"；名册也称"簿籍"；会计业务中有关记账等方面的工作或符合会计规程的账簿称"簿记"；记载某种事项的本子称"簿子"；接受审问称"对簿"；记载账目、货物收支事项的本子称"账簿"；还有常用的记录簿、练习簿等。

"黑游簿"和"黑油铺"

　　明朝天启年间，安徽天长县衙有位姓游的文书，因善吹牛拍马，被提拔为主簿，人称"游主簿"，又简称"游簿"，跟今日称"某局长"，简称"某局"一样。这游簿没几年又提拔为代理知县，但人们仍称他"游簿"。游簿为人心眼黑，手段辣，且贪得无厌。他审案时，严刑拷打，敲诈钱财，真个是"堂堂衙门八字开，有理无钱莫进来"。百姓们对他恨之入骨，背地里称他"黑游簿"。

　　这年元宵节，民众举办灯会，纷纷在自家门口挂上灯笼，写上自制的谜面让人猜，以此取乐。教私塾的徐秀才在私塾的门口挂上一盏大灯笼，上面写着一则谜面："小衙门，大展开；铁心肠，当堂摆，全凭一锤一锤死命打，才有些取采。就算是天黑了，也与你做个明白。"

　　民众们看了，都猜得出，这个谜面，揭的是"黑游簿"一手遮天，以知县之名，滥施酷刑，敲诈勒索，捞取钱财。三十几个字，把"黑游簿"的丑恶嘴脸揭示得淋漓致尽。

　　"黑游簿"闻讯，带着几个衙役也赶过来看，看罢，他责问徐秀才这是啥意思。徐秀才不慌不忙地说："今日小民制谜助兴，谜底乃是街头的'油铺'啊，请大人查看，在下所写哪点不像？"

　　天长县城内有好几家油铺，但都不设门面，只是在空旷之处，安装榨油器具。这些器具皆木制，拆卸方便。当中以铁板为框，将一块块结实的木块，削成上厚下薄的形状，然后排列成行，像打桩似的，用铁锤将木块打压下去，使豆子芝麻等油料受到挤压，流出黑色的油来。乡民们将油料送来，请油铺代为加工，另外付钱。

　　徐秀才借油铺门面的样式和榨油方式及加工过程，暗比"游簿"操纵衙门，榨取百姓钱财，真是如出一辙，惟妙惟肖，加之榨出来的油呈黑色，故称"黑油铺"，正巧与"黑游簿"谐音。

　　"黑游簿"听了这番解释，见找不到把柄，又担心事儿闹大了反而对自己不利，便假装糊涂没明白底细，带着衙役扭头走了。

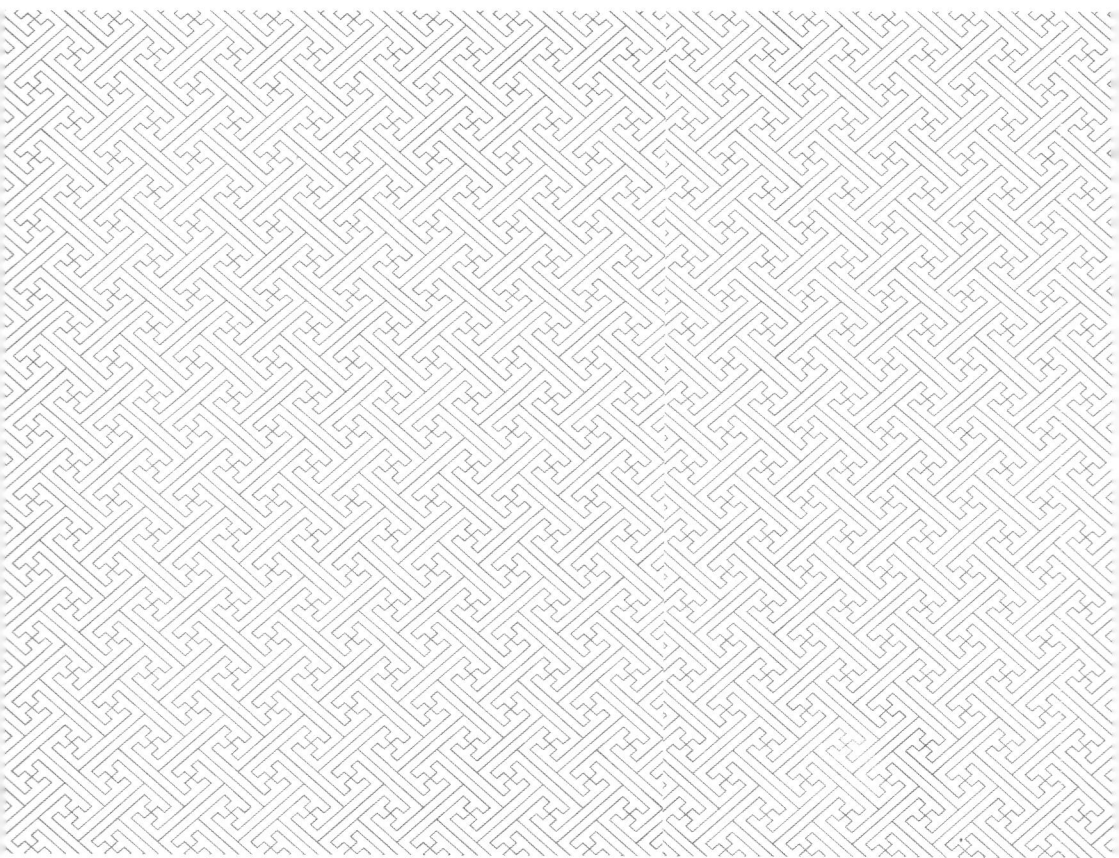

C

一字一世界

犬生性多猜疑

　　小篆的"猜"字写作""是一个形声字，左边的反犬旁"犭"是它的形旁，右边的"青"是它的声旁。因为犬生性多疑，所以"猜"的本义是疑恨、忌恨，如猜忌。

　　现代汉语中，"猜"的本义继续沿用，后来又由"猜"的本义引申出揣测、推测的意思，如猜谜语、猜测、猜想、猜中等词中的"猜"都是用的这个意思。

　　"猜"也有起疑心的意思，如猜疑、猜度。

　　"猜拳"是指划拳，一人伸出几个手指，另一个人同时伸出手指或拳头，按事先约定的规定决定输赢。

猜
金 文

猜
小 篆

猜
隶 书

猜
楷 书

猜

纪晓岚制联谜——猜

清朝大学者纪晓岚，是乾隆皇帝的宠臣，常陪王伴驾，和乾隆谈诗论文，还常常搞些文字游戏，留下不少佳话。

有一年元宵节，纪晓岚陪乾隆到文华殿观灯猜谜。写在灯上的灯谜大都平淡无奇，引不起乾隆的兴趣。站在一旁的纪晓岚见了，略一沉思，走到一旁，令小太监取来笔墨，写了一副对联，叫人快快贴在两根柱子上。

乾隆走了过来，见这副对联墨迹未干，一看就是纪晓岚的字。写的是：

> 黑不是，白不是，红黄更不是，
> 和狐狼猫狗仿佛，既非家畜，又非野兽；
>
> 诗有它，词有它，论语也有它，
> 对东西南北模糊，虽为小品，却是妙文。

要求上下联各打一字。

乾隆猜了半天也猜不出，只得对纪晓岚说："朕看了半天，就数这个灯谜好，可就是猜不出——你总不能看着朕再苦思冥想吧？"

纪晓岚连忙解释："上联说黑白红黄都不是，言外之意是'青'。与狐狼猫狗相仿佛，但又非畜非兽，是取其反犬旁，合起来是个'猜'字。下联说诗词论语中都有，指的是言字旁。东西南北模糊，言外之意是迷。'言'和'迷'在一起是个'谜'字。"

这一说，乾隆恍然大悟："啊，原来是猜谜！好，今日猜谜，让朕尽兴！"

草木初生破土而出——才

　　甲骨文的"才"字是个象形字，字形像草木初生，正钻出的样子，以此表示，植物破土而出，继续生长。在这个字形中，那一横表示地面，那一竖表示植物的根和茎，像草木幼苗的根部茁壮、茎叶萌发的样子。

　　金文的"才"字与甲骨文的"才"字相似。小篆的字形，由金文演变而来，但中间加了一斜画。隶变后的楷书写作"才"。

　　"才"字的本义指"草木初生"。"才"字由本义引申指"以前不久"，或"刚过去不一会"，如刚才、方才、适才。某些方言也称"将才"。

　　"才"字假借指"知识和能力及本领"，如工作能力称"才干"；表现出的才能称"才华"；才能也称"才具"；才智和能力称"才能"；才能、能力指"才俊"。才略、才气、才情、才思、才学、才智、辩才、口才、文才、博学多才等都指能力本领。

　　"才"字由"才能"引申指"有才能的人"，如特别有才华的人称"才子"；有才华的女子称"才女"；杰出聪明、才智出众的人称"天才"。全才、将才、奇才、秀才、通才、英才等都是指有才能的人。

　　"才"字又假借指"仅仅"，如才走几步就喘气了。

　　"才"字也用来强调确定的语气：他字写得才好呢。还表示只有在某种情况下，如只有这样才行。

　　"才"字也作姓氏用。

才女嫁豺狼

　　"才"的本义，已很少使用，现在基本用作指人的才华、才能、才情之类。古时候，大男子主义做怪，提倡"女子无才便是德"，不知埋没了多少有天才，有奇才，有文才的才女。

　　却说明朝成化年间，姑苏城里有位才女叫申小娥。她相貌端庄，吟诗作赋、琴棋书画，无一不精。因从小做的娃娃亲，长大成人后，只好嫁给王家大公子王必成。王家在苏州也算名门望族，王必成的伯父在京城吏部任要职。就倚仗这层关系，王家在苏州便是呼风唤雨，炙手可热，权倾一方。王必成吃喝玩乐不思进取，虽说也考中了秀才，但那是用银子买来的。他不学无术，胸无点墨，却暗地里托人打点，要到省会参加乡试，扬言考个举人回来光宗耀祖。

　　到得省城，乡试后，王必成的试卷被几位考官看了，相互传阅，当作笑谈。据说文章中错字连篇，竟将"才郎"写成"豺狼"，将"权也"，写成"犬也"。这样的笑话传开，原本被收买的主考官，也不敢再出面讲话了。这位朝廷派来的钦官，没有想到竟会有这样的秀才。

　　几位考官一致同意，将王必成的试卷评为第六等，这是最末等。

　　消息传到姑苏城，王必成的妻子听了羞愧难当，觉得无脸见人，一气之下，悬梁自尽了。

　　乡试结束，姑苏学子也因此事蒙羞，大家商议后，便送给王必成一个雅号"六一居士"。他们对才女申小娥十分同情。一天深夜，有人在王必成家大门上贴了副对联：

　　　　权门生犬子；
　　　　才女嫁豺狼。

　　这副对联，满含着对权门的鄙视，对才女的惋惜。

挺直有用的木材

　　小篆的"材"字写作"𣏸"是个左右结构的形声字兼会意字。左边的"木"字为形符，表示跟树木有关。右边的"才"字作声符兼表义，读"cái"。这两个字形组合在一起，指"挺直有用的木料"。

　　古人为什么用"才"字作"材"字的声符呢？因为古代的"才"字就有"能力""才干"的意思，表示很有用。而"材"为"有用的木料"，所以"材"字用"才"字作声符并会意。

　　"材"字的本义指"有用的木料"，如"木材""就地取材"。

　　"材"字由本义引申指"材料"和"资料"，或"原料"。可以直接造成成品的东西，或提供写作内容的事物称为"材料"；可供参考的事实也称"材料"，比喻适合做某种事情的人才称"好材料"。此外还有钢材、器材、教材、素材、题材、药材、资材等。

　　"材"字由本义还引申指人的资质和能力，如不聪明、笨家伙称"蠢材"，身体的胖瘦高矮称"身材"，还有"大材小用""选材""成材"等等都是这一意思。

"棺材"与"官财"

从三千多年前的周朝开始，以孝为中心的礼乐文化，形成了厚葬的风俗。人死后，装入棺材埋入土中，入土为安。因棺材多为木制品，所以"死亡"又称之为"就木"。有些老人自称"行将就木"，就是这个意思。无论怎么说，死亡是恐怖可怕的，会使人想到阴曹地府，有种阴森肃杀之气。

棺材有时也与"悲壮""誓死"相联系。《三国演义》中有一段庞令明让士兵为他抬着棺材去作战的故事，表明他决一死战。明朝清官海瑞以"棺谏"形式向皇帝上书，以此表明决心。

"棺材"，毕竟是与死亡、死人相联系的，所以人们都避讳。北京有个地方叫"官菜园"，本是专为皇宫种菜的基地，后因"官菜"与"棺材"谐音而改名为"官园"和"菜园"两个称呼。

在中国，各地的风俗有很大差异。北方人忌讳棺材，而在南方一些地方，却把棺材当作吉祥物，甚至形成了崇拜棺材的现象。为什么呢？因为"棺"与"官"谐音；"材"与"财"谐音，这样一来，"官""财"二字，就与人们所追求的利禄财富挂上钩了，与"官运亨通""招财进宝"这些吉祥语等同了，所以棺材就变成吉祥物了。

"生在苏州，葬在柳州"，这是古话。柳州棺木，闻名天下。现在有人把柳州木做成袖珍型的棺材工艺品，当作吉祥物出售。这种工艺品，广受工商界人士喜爱，置于案头书柜，欣赏把玩。

最离奇的是，在台湾街头有种糕点，用糯米饭做成，切成长方形的块儿，一头高、一头低，形状同棺材相似，店铺的广告牌上还大书"棺材板"三字。

还有更令人咋舌的呢。据报纸报道，福建某县教育局长，他还年轻，但欣然收下了别人赠送的一份厚礼：一副上等的在柳州定做的大棺材。不知这副棺材，能否为这位局长大人带来官运和财运。

cái
财

金钱物资总称为 财 富

　　古代的"财"字，是个左右结构的形声字兼会意字。左边的"贝"字是形符，表示跟金钱宝物有关，右边的"才"字是声符，读"cái"。这两个字形组合在一起，表示"金钱和物资的总称"。

　　古人为什么用"才"字作"财"字的声符呢？因为"才"字有"才干、才能、才华"的意思，表示非常有用，而金钱和物资对人来说，是非常有用的。

　　也有人认为，"财"字既然是金钱和物资的总称，可见古人是把金钱宝物看作财富的。同时我们也应该看出，古人也把有才干、有才华的人当作财富。这种先进的理念，直到今天，在我们生活中，还有许多人不能理解呢。正因为此，古人才用"才"字作"财"字的声符并表意。

　　"财"字的本义指"金钱和物资的总称"，如财宝、财富。财富包括物质的，如金钱、土地、房屋、珠宝等，也包括精神的，这就是知识产权、商标等，这些就是"财产"。一个人财产多了，容易仗势凌人，这就是"财大气粗"；把商店或企业主称"财东、财主"；把垄断资本家称"财阀"；把贪财的人称"财迷"；把能使人发财致富的神称为"财神"；把炒股票、买期货叫"理财"；对资产钱财管理称"财政"；管理财产事务叫"财务"。另外还有财会（kuài）、财经、财力、财贸、财源等名词，大都与经济有关，也就是与金钱财富有关。

　　"财"字也作姓氏用。

财
小篆

财
隶书

财
楷书

破格选人才——财

　　无锡梁溪谜语研究会，这天下午活动，讨论为晚报文娱版提供字谜的事。老马、周其良几个都到了，就缺小陶一个人。

　　小陶急匆匆赶来，气喘吁吁的。原来，他送儿子去补习班补课，不料，交了近千元，只补了几堂课，那儿已人去楼空，办补习班的人不知去向。几十个家长聚在门口，吵吵嚷嚷，有的已打电话报警，有的干脆将"因才施教"的牌子摘下来，在"才"字旁边加了个"贝"字，改成"因财施教"，以泄心头愤怒。

　　老马听了，笑道："你这次迟到，倒也有收获。你就将这件事，改编成一个跟'财'字有关的谜语故事吧。"

　　赵纪方说："'财'字先写'贝'字，后写'才'字，这就是说人才可以聚财，钱财是为了人才。要花钱培养人才嘛。"

　　老马笑道："你这是借'财'字要求增加教育经费啊，现在我们要的是字谜，不是提案。"

　　王林生说："把'财'字左边的'贝'字拆成'冂'字和'人'字。'冂'字读"jiōng"，在甲骨文中是个象形字，像划出的一个范围，好比今天划定的一个农贸市场。在这儿，我们就把它看作是门，'人'卡在门口进不去。右边的'才'字指'才华'，指人才卡住进不去，这叫'人才卡在门外'，怎样？"老马说："这样说太消极了吧？"

　　小陶说："右边的'才'字是'才华'，那就改成'才华外露，人却卡住'，行不行？"老马摇摇头："依然消极，朝积极方向想！"

　　赵纪方说："能不能把长方格下面没封口，就看成是破格？下面的'人'字进去了，右边的'才'字站在一旁，这叫'破格纳才，后继有人'。"

　　众人沉默不语。不一会，齐声叫好。说这字谜既生动形象，又意义深刻，妙！

　　忽然，老马又是皱眉，又是咂嘴地说："诸位，这谜面是否太复杂了点儿？干脆改成'破格选人才'怎样？"

　　此话一出，众人又搜索枯肠，认真推敲起来。

用手摘树上果实——采

　　甲骨文的"采"字写作"　"是个上下结构的象形字，也是个会意字。字形的左上角像一只手，伸出三个手指。手的下面是一棵树，树上的小圆点表示累累果实。字形所表达的意思是"采摘果实"。

　　金文的字形承接甲骨文，但省去了表示果实的小圆点，只剩下表示树的"木"。小篆的字形承接金文，由"木"字和"手"组成，并使其整齐化。隶变后的楷书写作"采"。

　　"采"字的本义指"摘取"。如采茶、采莲、采桑、采种、采摘、采花等。

　　"采"字由本义引申指"搜集"。如搜集民歌或某一方面资料称"采风"。使建筑物内部得到适宜的光线称"采光"。选取、收集称"采集"。搜集访问称"采访"。采集并记录称"采录"。

　　"采"字由本义引申指"挖掘地下资源"。如采伐、采油、采矿、开采。"采"字由"收集"等义又引申指"选取"。如采办、采购、采纳、采用、采取、采暖、采择。"采"字又假借指"精神、神色"。如风度、神采也称"风采"，也作"丰采"。神气和风采也称"神采"。华丽的色彩和文学才华及词藻雅丽称"文采"。"兴高采烈""神采奕奕"都指精神焕发和神情欢畅。

"采"与"风采"

　　"风采"一词表示风度与文采，它跟"风情""风流""风操"意思有区别，但人们常将"风采"写作"风彩"，也许以为"彩"有彩色光彩之义，所以写作"风彩"。这恐怕跟旧时"采"与"彩"通用有关；也跟"光彩"可写作"光采"有关。

　　说起"风采"一词，有段历史故事。

　　汉武帝时有位名将叫霍去病，他有个弟弟叫霍光。霍去病去世后，霍光被封为光禄大夫，深受汉武帝信任。汉武帝临终前下诏书，授命霍光辅佐儿子昭帝继位。昭帝拜霍光为大将军、大司马，掌控朝政大权。

　　昭帝年幼，一切大事都由霍光决定。不料，昭帝因病早逝，霍光与其他重臣商量，迎立昌邑（yì）王为皇帝。但此人不学无术，荒淫无度，霍光当机立断，将他废黜（chù），迎立了汉宣帝。

　　汉宣帝继位后，朝政大权仍由霍光掌控。他虽可号令天下，但他尊重宣帝，从不居功自傲，也不飞扬跋扈，更不以权谋私。在他执政的二十多年间，兢兢业业，忠心耿耿，从没有一点闪失。他每日出入宫廷重地，也一直按皇室规矩行事，从没有什么特殊待遇。

　　据史书记载：霍光身高七尺，相貌堂堂，长得一表人才；品行端正，办事谨慎，从不张扬；说话温和，从不大声呵斥，颐指气使。他每次出入宫廷，上下台阶，行步都有规律，有官员曾偷偷观察，见他拜见皇帝时的时间、步伐乃至神态始终如一，保持着应有的礼节。

　　《汉书》上写到霍光时，有这样一段话："初辅幼主，政由己出，天下想闻其风采。"讲他早年辅佐幼主昭帝时，一切政令都由他制定，天下人都想看到他的风度神采。

　　霍光的风度与神采，可从前面所述看到，这是一位神采奕奕、气宇轩昂，又循规蹈矩、谦虚谨慎的君子形象。"风采"一词，就是从《汉书》中流传下来的。这儿的"风"指风度；"采"指神采。美好的行为举止，光彩的音容笑貌，这就是令人赞叹的"风采"。

用毛刷涂饰颜色——彩

小篆的"彩"字写作"彩"是个左右结构的形声字兼会意字。右边的"彡"字读"shān"，作形符，表示跟绘画图案有关。左边的"采"字读"cǎi"，作声符并会意。

"采"字与"彡"字组合，指"用毛刷涂饰颜色"。因是用毛刷涂饰颜色，这跟绘画之类有关，所以古人用"彡"字作形符。因为在甲骨文中，"彡"字本指击鼓祭神时，将"彡"字作为鼓声的象征符号，有声波震荡远播之义。后来引申指毛发、画纹、雕刻、彩饰、声响、光影之义。也有人认为，这三撇像毛发，本就是指"毛刷"及后来出现的毛笔之类，都是用来绘画用的。

古人为什么用"采"字作"彩"字的声符呢？

甲骨文的"采"字是个会意字，上面是"爪"字指"手"，下面是"木"字，指树木，两者合一，表示用手在树上采摘果子或树叶。在采摘时必定有所选取，挑成熟的或好的，这就有"挑选"和"选取"之义。而绘画时该用什么颜色及用多少颜色也有选取挑选之义，这样才能将色彩调配好，所以古人用"采"字作"彩"字的声符并会意。

楷书的字形由小篆演变而来，写作"彩"。"彩"字的本义指毛刷涂饰颜色。

"彩"字由本义引申指"颜色"，如彩绘、彩图、彩印、彩照、彩云、云彩、五彩、彩霞等。"彩"字由"颜色"引申指"彩色的绸缎"，如彩绸、彩旗、剪彩、张灯结彩、彩带、彩虹等。"彩"字由"颜色"又引申指"负伤流血"，如挂彩。"彩"字由本义还引申指"美好、称赞、夸奖"，如喝彩、光彩、出彩、喝倒彩。还假借指"赌博或竞赛获得的东西"，如中彩、彩金、得彩、头彩、摸彩、彩券等。

元宵节挂彩灯

关于元宵节挂彩灯、放鞭炮的来历，民间有多种传说，各个朝代有各自的版本，但主题和主要情节是大致相同的。

有个传说说的是很久很久以前，已说不准是何年何月了，总之是火药发明之后吧，要不谈不上燃放鞭炮啊。那时候人少地多，山林空旷，凶禽猛兽出入其间，偶遇行人或家畜便会突然袭击，造成伤害或损失。于是人们就会组织起来，追杀猛禽野兽，以求自卫。也不知哪位猎人，射杀了一只大鸟，岂料这是只天上的神鸟，因迷路而流落人间。人间凡人竟射杀天上的神鸟，这可惹怒了天帝，他命令天兵，在正月十五日夜晚，到人间最繁华的京城去放火，把那儿的人畜和房屋财产全部烧光，以解心头之恨。

天帝有位女儿，心地善良，听父王有此旨意，她不忍人间百姓遭此劫难，便冒着违反天律将会被处死的风险，偷偷驾云来到人间，把这消息透露给京城百姓。百姓们闻风丧胆，不知如何是好。幸有一位长者想出一条妙计。他建议道："既然如此，那我们就在正月十四、十五、十六三天，各家各户，都在自家门口张灯结彩，再燃放烟火，点放鞭炮，使大街小巷，烟雾滚滚，炸声不断，火光冲天，这样天帝朝下一看，以为人间是一片火海，他便以为地下的人都受到了惩罚，解了心头之恨，也就不再过问了。"

众人听了，都点头赞同，各自分头精心准备。到了正月十四夜晚，天帝朝人间一看，只见地上一片火光，噼里啪啦的爆炸声，不绝于耳，连续三天，天天如此。天帝以为这场大火把人间百姓的房屋财产化为灰烬了，这才心满意足。

人们以彩灯和鞭炮，保住了自己的生命财产，为纪念此事，后来每逢正月十五日，家家都挂彩灯、燃鞭炮、放烟火以示纪念，天长日久，成了习俗，一直流传至今。

可采来吃的植物——菜

　　小篆的"菜"字写作"𦬊"是个上下结构的形声字兼会意字。上面的"草字头"作形符，表示跟植物有关。

　　"菜"字下面的"采"字读"cǎi"，作声符并会意。"草字头"与"采"字组合，指可采来当食物吃的植物。因指的是可吃的植物，这和草类有关，所以古人用"草字头"作"菜"字的形符。

　　古人为什么用"采"字作"菜"字的声符呢？

　　甲骨文的"采"字是个象形字，也是会意字。字形的左上角像一只手，下部像一棵树，树上结满果子，手在果树上，有"摘取"之义。金文的字形由甲骨文演变而来，隶变后的楷书写作"采"，本义指"摘取"。摘取就有选择之义。蔬菜生长在田地里，人们从田地里将蔬菜采摘回来，既有采的意思，也有选择的意思，而人们喜欢吃什么菜就采什么菜，这里也有选择之义，所以古人用"采"字作"菜"字的声符并会意。

　　楷书的字形由小篆演变而来，写作"菜"。"菜"字的本义指"蔬菜"，如瓜菜、菜农、菜园、白菜、菠菜、花菜、韭菜、酱菜、青菜等。

　　"菜"字由本义引申指"供榨油的油菜"，如菜籽油、油菜籽、油菜花、菜油、油菜。"菜"字由本义又引申指经过烹调过的荤菜、素菜，如菜肴、炒菜、点菜、饭菜、大菜、小菜、酒菜、名菜等词。

"菜"字何时沾上荤腥味

不知诸位注意了没有，我们一日三餐吃的"菜"，这个字是草字头，表明它是一种植物，指的是蔬菜。但当你提着篮子去菜场买菜时，这菜场里是不是都是卖蔬菜呢？你买的菜中是不是也包括鸡肉鱼虾呢？你有没有发觉，"菜"字中有着浓浓的荤腥味呢？那么，"菜"字是什么时候沾上荤腥味的呢？

要探讨这个问题，先得说说与"荤菜"相关的"荤"字。

"荤"字是草字头，说明它与植物有关。"荤"字的本义指佛教徒称带刺激性、有特殊性气味的草本植物，如：葱、蒜、韭菜等蔬菜。这些植物被认为是荤腥的，佛家子弟是不能吃的。后来"荤"字被假借指鸡鸭鱼肉等肉类食品，称为"荤菜"，也称"荤腥"。由此可见，在佛教传入中国之前，"菜"字是没有荤腥味的，只指"蔬菜"或"素菜"。

据史记载，佛教是在西汉末年和东汉初年传入中国的，大约在公元前二年。过了二百多年，到了三国时期，佛教已传播到曹魏和孙吴地区，到这时，"菜"字大约已沾上了荤腥味儿了。

据专家考证，"菜"字字义的扩展，与当时荤菜的价钱便宜有关。唐代大诗人杜甫诗中有"家家养乌龟，顿顿食黄鱼"的诗句，可见黄鱼比蔬菜便宜，天天能吃到。明代郎瑛所著《七修类稿》中写到东南沿海的蚌肉时称其为"贱之如菜"，可见蚌肉比蔬菜便宜。当然，这跟地方特产有关，靠山吃山，靠海吃海，海边的海货多，当然便宜了。

有人推测，把"荤菜"与"素菜"都称为"菜"，大约起源于清代。清代大学者袁枚所著《随园诗话》中有句话："满菜多烧煮，汉菜多羹汁，均自幼习之。"这里的"菜"字，既包括素菜，也包括荤菜，属荤素搭配了。

"菜"字由单纯的蔬菜到含有鱼肉的荤菜，其间经历了漫长的演变过程。在这一词义扩展过程中，鱼肉价格低于蔬菜价格，可能起了重要作用。

人到齐了都 参 加

　　"参"字是个形声字兼会意字。金文的字形上面是个"齐"字，下面是个"人"字，指人都到齐了，加入进去。也有人理解为都加入进去，人就齐了。本义指加入。

　　小篆的字形由金文演变而来，写作"参"，成为一个上下结构的形声兼会意字。上面是个"晶"字，是形符，表示与天上的星体有关。下面是"勿"字，作声符，读"zhēn"。本义指参星。因为"晶"字表示三颗星，所以用"晶"字作形符。又因为"参星"光明，因而就显得珍贵。而"勿"与"珍"是同一个字，都有珍贵之义，所以"参"用"勿"作声符并会意。

　　也有人认为，"参"字没有那么复杂，在金文中，"参"字就是个象形字。上部像人参的茎和细碎的花果，下部像人参的主根和须根，本义指人参。看来，这一说法比较可信。

　　"参"字是个多音字，读"cān"，指"加入"，如：参加、参军、参谋、参赛、参与、参展、参战、参政、参股。

　　"参"字由本义引申指进见，如参拜、参见、参谒。再由"进见"引申指封建时代官员向皇帝告状，如参了他一本。

　　"参"字还有"参考"的意思，如参阅、参看、参考书。

　　"参"字读"cēn"，指大小不一，长短不齐，交错在一起，如参差（cī）不齐。

　　"参"字读作"shēn"时，指"人参"的统称，如丹参、党参、海参。

看错墓碑结良缘——参

清明时节，很多人家上坟扫墓，以缅怀先人。

无锡青龙山脚的潘家庄，山坡上有不少祖坟，有的年久失修，墓碑上的字已难以辨认了。

台湾来的潘先生，受重病在床的老父亲委托，带着一儿一女回来扫墓。他的祖父名叫"潘参"，但就是找不到他的墓地。后经当地一位热心人指点，终于在一山洼里找到了。墓碑尚在，上面刻着"潘参"的名字，只是这"参"字下半截已模糊不清了。

潘先生祭祖心切，连忙摆下香烛果品，率领儿女跪下，为先祖磕头祷告，还忍不住泪流满面。

正当潘先生虔诚跪拜时，忽然身后走来四五个年轻人。他们站在旁边惊奇地看着，待潘先生站起来时，其中一个小伙子才上前礼貌地说："先生，您恐怕搞错了吧？这是我外公潘叁的墓啊。"

潘先生再弯腰细看，那模糊不清的"参"字，下面三撇很可能是"叁"字。正在这时，当地一位老人赶来，说这是潘叁的墓，而潘参的墓在后山坡上。

潘先生颇为尴尬。这个年轻人安慰道："老先生，谢谢您为我外公扫墓。他们都姓潘，五百年前是一家。您的祖先也是我的祖先，请允许我们也为您的祖上磕头祭拜，以表心意。"说罢，招呼自己的弟妹们帮潘先生找墓去了。

据说，潘先生的女儿看上了这个年轻人，后来两人相爱，成就了一桩美满姻缘呢。

吃食物——餐

　　金文的"餐"字写作"餐"是个会意字，字形的外围像房子，里面的下部像盛食物的瓦盆之类，上部右侧像一个张着大嘴巴的人，人的左边像人咀嚼后吃剩下的残骨，综合起来的意思是"吃食物"。

　　小篆的"餐"字承接金文，变成了一个上下结构的形声字兼会意字。下面的"食"字作形符，表示跟食物有关。"餐"字上面的"奴"字读"cán"，作声符并会意。

　　"食"字与"奴"字组合，指"吃饭"。因是指吃饭，这跟饮食有关，所以古人用"食"字作"餐"字的形符。

　　古人为什么用"奴"字作"餐"字的声符呢?

　　甲骨文的"奴"字是会意字。右边的"又"字表示"手"，左边的字形指尸骨。两形合一指"用手在钻凿卜骨"之义。本义指"钻凿卜骨"，后来引申指"伤害""凶恶"及"残忍"之义，又有"残缺不全"之义。人在吃饭时，会咀嚼动物的骨头或肉，不管吃剩下的，还是正在吃的，都是破碎残缺骨肉，所以古人用"奴"字作"餐"字的声符，以突出所吃的食物。

　　楷书的字形由小篆演变而来，写作"餐"。

　　"餐"字的本义指"吃"，如用餐时用的布巾称"餐巾"，现在人们常用的是"餐巾纸"；吃饭的用具称"餐具"；供吃饭用的大厅称"餐厅"；供应旅客就餐的车厢称"餐车"；还有聚餐、会餐、进餐、野餐、风餐露宿等词语。"餐"字由本义引申指"饭食"，如快餐、中餐、早餐、晚餐、午餐、素餐等词。"餐"字引申指"一顿饭为一餐"，如一日三餐。

"餐"和"一日三餐"

一天吃三顿饭，早中晚一日三餐，这是现代人日常生活的规律，也是人体的需求，被视作理所当然，毫不奇怪的事。但有许多人不知道，汉代以前的人并非一日三餐，那时的人一天只吃两餐。几十年前有些偏远地区的人也是一日两餐。

从古籍中我们可看到，古人对吃饭的时间和次数是有严格规定的。《论语》一书是儒家经典之作，记载了孔子及其弟子的言行，是由孔子的弟子及再传弟子辑录而成的，书中所讲的事情发生在春秋时期，距今已有两千五百多年了。

两千五百多年前，当时人规定"不时，不食"。就是说不到吃饭的时候不食。那么到什么时候才能食呢？

古人把太阳行至东南方向的时间称为"隅中"，也就是将近中午的时候，这时才吃早餐。到下午四点钟左右，这时称"申时"，开始吃晚餐。

若把时间再往前推数百年，一直到殷商时期，那时的人们也是一日两餐。何以见得？专家们在殷代甲骨文中发现有"大食"和"小食"这样的文字，经考证，所谓"大食"就是早餐；"小食"就是"晚餐"。这完全符合古人"日出而作，日入而息"的生活习惯。

古人将第一顿早餐称为"朝食"。有个成语叫"灭此朝（zhāo）食"。此，指敌人；朝，指吃早饭。这句话的意思是，发誓等消灭了敌人再回来吃早饭，表示了对敌人的仇恨和消灭敌人的决心。由此可见，即便士兵行军打仗，也是一日两餐。

到了汉代之后，也许是生产力发展，粮食丰富了，人们才逐渐改变了一日两餐的制度，改为一日三餐。东汉学者郑玄是这么记载的："一日之中三时食，朝、夕、日中时。"说的是：早餐仍称"朝食"，天刚亮时进食；午饭称"昼食"，大白天的中午吃；晚餐称"哺（bǔ）食"，也就是申时，即下午四时左右吃。

到了唐代，人们把吃早餐说成"点心"。可能是一夜未吃食物，有人饥饿心慌，弄点糕点烧饼之类的小食先垫垫饥，使胃舒服些，故此今人将早餐又称为"早点"，这一词是由"点心"转化而来的。

用凶器伤害毁坏——残

　　小篆的"残"字写作"殘"是个左右结构的形声字兼会意字，左边的"歹"字读"dǎi"，作形符，表示跟尸骨残骨有关，右边的"戋"字读"jiān"，作声符并会意。

　　"歹"字与"戋"字组合在一起，指用凶器伤害、毁坏。"歹"字像死人被凿坏破损的骨头，这跟被凶器毁坏、伤害有关。所以古人用"歹"字作"残"字的形符。

　　古人为什么用"戋"字作"残"字的声符呢?

　　古代的武器是长"戈"，"戈"字有伤害、破坏之义，甲骨文用两个"戈"重叠在一起，表示这是把利器，它的破坏力量大，所以古人用"戋"字作"残"字的声符并会意。

　　楷书的字形由小篆演变而来，写作"残"。

　　"残"字的本义指"伤害、毁坏"，如用残酷的手段来伤害或杀害称"残害"，也称"残杀"；残害或使人受严重损失称"摧残"。

　　"残"字由本义引申指"不完整的、有缺陷的"，如残缺衰败称"残败"；人或动物不完整的尸骨称"残骸（hái）"；不完全的文稿称"残稿"；残缺或不合规格的货物称"残货"；残局、残疾、残品、残缺、残损、抱残守缺、残兵败将等都是这类意思。

　　"残"字由本义又引申指"凶恶"，如残暴、残酷、残忍、凶残；由"不完整的"引申指"将尽的、余下的"，如残部、残存、残敌、残冬、残匪、残迹、残生、残渣余孽。

伤心夜点半盏残灯

唐朝大诗人杜牧在池州做刺史期间，关心民众疾苦，秉公办案，不畏强权，不徇私情，受到百姓们的称赞和爱戴。

当时青阳县有位名叫孟迟的书生，自幼刻苦攻读，很有才学，但因出身贫寒，无钱打理科考中的种种行贿送礼事项，因此屡试而不能及第，只得到一大户人家教私塾，以此养家糊口。

这东家儿子在京城做官，在当地颇有权势。孟迟教东家七八个孩子读书，年终时，东家竟以孟迟没有学问，误人子弟为借口，解雇了他，并赖掉了一年工钱。

孟迟气愤不过，将东家告到县里。谁知县令收了这富户银子，不问青红皂白，反说孟迟污人清白，打了他二十大板，赶出衙门。

孟迟蒙此大冤，心有不服。当时青阳属池州管辖，他便将东家连同县令一并告到州府。

杜牧接过诉状，看完后问道："东家不愿付你工钱，莫非你真的不学无术，误了他家子弟？"

孟迟申辩道："我一介书生，虽说无多大学问，但一年下来，尽心尽力教学，教孩子识字还是胜任的，请大人明察。"

杜牧想了想说："你口说无凭，我出个试题考考你。你是私塾先生，就以'私塾'为题，写副对联吧。"说罢令人在堂下摆下笔墨让他写。

孟迟深思片刻，挥笔写道：

> 伤心夜雨打蕉窗，点半盏残灯，替诸生改之乎者也；
> 回首秋风归梧院，剩一支秃笔，为举家谋柴米油盐。

杜牧接过读罢，深为这联语所感动，且不说上下联对仗工整，言词流畅通俗，但就"伤心夜雨"之情景，"半盏残灯"之道具，就令人心酸，这位教书先生的才学不同凡响。他当即调查核实，弄明原委，惩治了青阳县令，责令富户加倍支付一年工资，并举荐孟迟参加科考。据说两年后孟迟中了进士及第，当了县令。

吐丝自裹的虫子——蚕

　　"蚕"字的演变说来很复杂。甲骨文的蚕字是个象形字，字形像一条会吐丝的虫子。

　　小篆的"蚕"字的字形发生了较大变化，它变成了一个上下结构的形声字兼会意字。上面的"朁"字读"cǎn"，作声符并会意，下面的"蚰"字读"kūn"，作形符。这个"蚰"字在甲骨文中是个象形字，像一条长蛇形，隶变后楷书写作"虫"，如今又是"蟲"字的简化字，本义为古代时对一切动物的总称。也指昆虫及一切动物。"蚕"是一种昆虫，所以古人用"蚰"字作"蚕"字的形符。

　　古人为什么用"朁"字作"蚕"字的声符呢？

　　这个"朁"字是"簪"字简省的写法。"簪"字是古代人用来绾（wǎn）住长头发的一种细长微曲的饰品，样子和蚕相似，所以古人用"簪"字简省的"朁"字作"蚕"字的声符并会意。

　　楷书的字形由小篆演变而来，写作"蠶"。现简化为蚕。以"天""虫"二字称"蚕"也很有诗意。

　　"蚕"字的本义指"会吐丝结茧的昆虫"，现在通常指家养的蚕，如蚕蛾、蚕茧、蚕眠、蚕农、蚕丝、蚕叶、蚕蛹、春蚕、地蚕、桑蚕、野蚕、蚕子、蚕食等词。

蚕作茧，茧抽丝

明朝有位著名的学者、政治家名叫解缙，生于洪武二年，江西吉水人。解缙幼年聪明绝顶，七岁时，能吟诗作对，十岁时日诵千言，过目不忘，十二岁时尽读《四书》《五经》，当时被称为"神童"。

洪武二十年，解缙参加乡试，名列榜首。洪武二十一年，解缙赴京殿试，考中进士甲第十名，被朝廷授庶吉士，官至翰林学士。朱元璋对解缙十分器重，令其常在身边，当作近臣。

解缙才华横溢，下笔不能自休，尤工五言诗，现存诗五百余首。他一生最大的功绩是主持编写了《永乐大典》。这部书，被英国大百科全书称为"世界有史以来最大的百科全书"。

这位了不起的学者，少年时代便有豪情壮志。若是那些有关他幼儿时吟诗作对的传说还有点夸张不实的话，有一则他少年时代作的对子，看来是真实可信的。

解缙十四岁生日时，家人给他办了个生日宴会，来客大都是亲朋好友，左右乡邻，大家借此机会相聚一番。席间，坐在上席的是他的启蒙恩师，如今已是八十老翁。恩师一则是想显显这位弟子的才华，二则也想考考这位弟子几年来可有长进。他有备而来，吟出一上联，要解缙对出下联。联曰：

蚕作茧茧抽丝织就绫罗绸缎暖人间；

这上联十五个字，由"蚕"开始，写出了绫罗绸缎这些华美织物的生产过程和作用。

解缙经一番思考，对出下联：

狼生毫毫扎笔写出锦绣文章传天下。

这下联与上联对仗工巧，贴切合律，还充分表达了自己的雄心壮志。这句豪言壮语，最终都一一兑现，他留下的诗文和业绩，便是最有力的凭证。

斩心为惭

　　繁体字的"惭"写作"慙",是由小篆演化而来的。小篆的"惭"字是个上下结构的形声字。上面的"斩"是读音,下面的"心"表示与心理活动有关。后来简化,变成了左右结构的形声字。

　　"惭"字的本义是羞愧,如惭愧、羞惭、惭色、大言不惭。

　　说"惭"字仅仅是形声字,似乎枉费了古人造字的一片苦心。如若深入思考一下"惭"字的声旁"斩",我们就更能体会"惭"字的本义了。

　　"斩"字的本义是"砍、杀、处死"。在这儿,将自己的"心"砍、杀,表示内心在作激烈的斗争,这就是我们常说的思想斗争。人们在作思想斗争时,往往不断地在否定自己、责怪自己,这才使自己觉得惭愧,感到羞耻,这才痛下决心,承认错误,改正错误,以求获得别人的谅解,自己的心灵才得到平静,这就是"惭"的真谛所在。

印光大师妙解惭愧

有关"惭"字，有一段精彩的故事。

我国近代佛教界有位高僧，叫印光大师。他是公认的莲宗十三祖，可见他道德之崇高。然而大师却一直以"惭愧僧"自称。

有人问："大师为何以惭愧僧自居？"

大师解释道："古人造字，用心良苦。就说这'愧'字，心鬼为愧。为何有愧？心中有鬼。再说这'惭'字，斩心为惭，意在斩除心中之鬼。人若知道惭愧，需常斩心中之鬼，如此，鬼则无处生、无处藏。心中无鬼，则问心无愧。正因如此，所以我心中常惭愧，亦以常惭愧自称。"

"常惭愧"，也就是要常常作自我批评，常找自身的缺点和错误。这是一种高尚的品质，人要提高自我修养，就要常惭愧。

狠毒凶恶 惨 无人道

　　小篆的"惨"字写"惨"是个左右结构的形声字兼会意字。左边是竖心旁作形符，表示跟"心"有关，右边的"参"字，读"cān"，作声符并会意，这两个字形组合在一起，指"狠毒、残酷"。

　　古人为什么用"心"字作"惨"字的形符呢？因为狠毒残酷的人必定工于心计，想方设法算计别人，迫害别人，所以古人用"心"字作"惨"字的形符。

　　古人为什么用"参"字作"惨"字的声符呢？因为"参"有相互合作拼合在一起的意思，而凶残的人往往不是单独干恶事，有同伙参与，所以也有拼合和合伙之意，所以古人用"参"字作"惨"字的声符并会意。

　　"惨"字的字形由小篆演变而来，写作"惨"，后简化为"惨"。

　　楷书"惨"字的本义指"凶恶、狠毒、残忍"，如残忍毒辣称"惨毒"；用狠毒的手段杀害称"惨杀"；形容极其凶残、灭绝人性称"惨无人道"或"惨绝人寰"（huán）。

　　"惨"字由本义引申指"程度严重，十分厉害"，如极其严重称"惨重"；彻底的失败称"惨败"；冷冻得很厉害称"冻惨了"。"惨"字由本义又引申指"悲伤、凄惨"，如惨案、惨祸、惨剧、惨烈、惨痛、惨不忍睹等。

秀色可"惨"

　　人们常用"秀色可餐"这一成语，来形容女子的容貌秀丽，姿色美得跟美味一样，可以让人流口水，恨不得吃到肚子里。或者说，有美女相伴，就茶不思饭不想了。

　　却说广东佛山有家美容店，老板小胡和妻子美云，两人从当学徒开始，经几年打拼，终于盘下一个店面，自己当老板，开了家"秀美美容店"。经人介绍，他花了不菲的价钱，请一位颇有名气的书法家题写店招。大书法家的夫人常在此美容，颇为满意。经她撮合，大书法家挥毫写了"秀色可餐"四个大字作匾额，让他挂在店门上方。这四个字别具一格，熠熠生辉，引得过路人常驻足欣赏，就这样，店里的生意渐渐红火起来。

　　可好景不长。没到两年，小胡口袋里钱多了就胡思乱想、胡作非为了。他跟常来美容的一位女士好上了，夫妻俩常为此争吵，店里管理混乱，接连出了几次事故，甚至使两位客户的脸部破相。协调无果，小胡被客户告上法院。法官判决赔偿。小胡无力赔偿，选择了三十六计，走为上策。他关了店门，逃之夭夭，成了网上的追逃对象。

　　如今，店门匾额仍在，只是"秀色可餐"上的"餐"字，被人用相似的字形，改成了"惨"字。受伤害的客户，用这种方式表达了自己的愤怒与无奈。跟两年前一样，常有人驻足观望，人们除了赞叹改动这一字的人高才之外，也只能摇头叹息，唏嘘不已。

一字一世界

草的颜色——苍

　　小篆的"苍"字写作"蒼"是个上下结构的形声字。上面的"草字头"作形符，表示与草本植物有关，下面的"仓"字读"cāng"，作声符。

　　"草字头"与"仓"相组合，指草的颜色。因指草的颜色，所以古人用草字头作"苍"字的形符。

　　楷书的字形由小篆演变而来，写作"蒼"，现简化为"苍"。

　　"苍"字的本义指"青色"，如深青色为"苍苍"，"苍苍"也指天，"天苍苍，野茫茫"，指茫无边际；深绿为"苍翠"；青色和黄色，灰暗的黄色或黄而发青称"苍黄"；"苍龙"也称"青龙"，这是古代传说中的一种凶神恶煞，现在有时用来指极其凶恶的人。"苍松"指苍翠的松树，这就是"苍松翠柏"；草木苍翠茂盛称"苍郁"；覆盖着苍翠茂盛的树木的山岭称"苍山"；古人常以"苍天"指天神，也称"上苍"。"苍"字由本义引申指"灰白色"，白而略发青，呈现灰白色称"苍白"，用来形容没有旺盛的生命力，苍白无力、脸色苍白都是这个意思。

　　"莽苍"指原野景色迷茫；"苍鹰"指一种凶猛的禽类；"苍蝇"指一种传播疾病的昆虫，种类很多，我们常说的"苍蝇"指的是家蝇。

　　"苍"字也作姓氏用。

人从苍龙背上过

赵州桥又名安济桥，坐落在河北赵县城南的洨河上。桥长近六十米，九米多宽，中间行车马，两旁走行人。如此长的桥，全部用方石砌成，下面没有桥墩，只有一个大跨度的拱形桥洞，横跨在三十七米多宽的河面上。大桥洞顶上两侧，还各有两个小拱形的桥洞，水势平稳时，河水从大桥洞流过；若遇到洪水时，河水可从四个小桥洞分流。这种精妙的设计，在桥梁建筑史上是一大创举。这样设计既减轻了洪水对桥身的冲击，保护了桥体，又减轻了桥身的重量，节省了石料。赵州桥建成以来，经历了不知多少次水灾和战乱以及地震，但它依然完好无损。

赵州桥不但坚固结实，而且整座桥本身就是一件珍贵的艺术品。桥的两侧有石栏，栏板上雕刻着精美的图案。有的雕着飞鸟走兽，有的雕着花鸟虫鱼；最突出的是那两条相互缠绕的龙，前爪相互抵着，各自回首遥望；还有的刻着双龙戏珠。所有龙的形状似乎都在游动，活灵活现。这座既坚固实用，又美轮美奂的赵州桥，充分体现了我国古代劳动人民的智慧与才干，也是我国珍贵的历史文化遗产。

古代歌颂赵州桥的诗词绝句和联语很多，元代诗人刘百熙的一副联语尤为突出。他写道：

> 水从碧玉环中过；
> 人在苍龙背上行，

上联写出了赵州桥的特色，拱桥的两侧四个小拱形的桥孔，如同玉环连在一起，洨河的水从中流过；桥面上人来车往，如同在苍龙背上踏过。

"苍龙"是名词，是二十八宿东方第七宿的统称，也叫"青龙"，在古代传记中，把苍龙当做凶神恶煞，现在有时也用来指极其凶恶的人。但在古代，"苍龙"是指代桥的词语，因此赵州桥上雕刻的龙形图案较多，所以，刘百熙也用"人在苍龙背上行"，来写赵州桥上人来车往的繁忙景象。

水颜色呈暗绿色——沧

　　小篆的"沧"字写作"**滄**"是个左右结构的形声字兼会意字。左边的"三点水"作形符，表示跟水有关；"沧"字右边的"仓"字是"苍"字简省的写法，读"cāng"，作声符并会意。

　　"苍"字和"水"字组合，指水的颜色呈现出暗绿色。因讲的是水的颜色，这跟水有关，所以古人用"水"字作"沧"字的形符。

　　古人为什么用"苍"字作"沧"字的声符呢？

　　小篆的"苍"字是个上下结构的形声字。上面是草字头作形符，下面的"仓"字作声符，本义指草的颜色。草的颜色是青色，后来常用"苍"字来指青绿色和深绿色。后来"苍"字又引申指灰白色，如"白发苍苍"。又引申指"天"，如"苍天"。

　　因为"苍"字有青绿色之义，如若水深，这儿的水就呈暗绿色，也就是青色。青色，暗绿色或深绿色，都属绿色，只是有点儿细微差别。所以古人用"苍"字作"沧"字的声符并会意。

　　楷书的字形由小篆演变而来，写作"滄"，现简化为"沧"。

　　"沧"字的本义指"水暗绿色"。大海因水深而呈青绿色，故称"沧海"；大海变成农田，农田变成大海，形容世事变化很大称"沧海桑田"，简称"沧桑"，如"饱经沧桑""沧海一粟""沧海横流"，这些成语中的"沧"字都指"深绿色的海水"。"沧"字由本义引申指"寒、冷"，如"沧凉"，指冷清、清凉。"苍凉"指苍茫、荒凉。

"沧"和"沧海桑田"

　　"沧"字指青绿色的水，"沧海桑田"这一成语，出自晋代文人葛洪写的《神仙传•麻姑》一书里的神话故事。

　　东汉桓（huán）帝年间，朝廷有位大夫名叫王远，他看破红尘，放弃官职，舍弃家小，进山修道，因其心诚，最后修炼成仙。

　　桓帝听说此事后，派人召他回京，官复原职，他坚不从命。桓帝令当地官府，将他捉拿，押送京城。王远经过皇宫时，向守门官讨了笔墨，在宫门上洋洋洒洒写了不少字，讲的都是神仙间的事及未来的事。桓帝对此很恼火，派人将这些字用刀铲除，但不一会儿，这些字又显示出来，且越铲越明显。这事儿一传开，王远的仙名就家喻户晓了。

　　桓帝无奈，只好放了他。王远寄居在一位朋友家。朋友设宴款待，王远提出，将他所认识的仙女麻姑也请来赴宴。似乎是随喊随到，没一刻儿，麻姑便来了。

　　麻姑是山东建昌人，在崂山修道成仙，头顶盘着一堆发髻（jì），另外的头发披到腰间。她衣着鲜艳，面容姣美，十指尖尖，一副仙女模样。

　　王远边喝酒边介绍麻姑的神通广大和法力高深。酒席上有人不信麻姑小小年纪会有如此法力，当场就有人问麻姑今年几岁。

　　麻姑没回答年龄，只是感慨地说："我的岁数多大，我也记不得了。只记得印象中的汪洋大海已多次变成一片桑田。近日路过蓬莱山，看到海水少了不少，看来大片海面又要变成陆地了。"

　　王远点头认可，说："海里出陆地，看来又要尘土飞扬了。"

　　众人不知不觉，将话题转移到人世间的变化莫测，命运的悲欢离合，生活的酸甜苦辣……谈完这些，话题又归结到"沧海桑田"这四个字上。"桑田"指种植桑树的田地。因养蚕需要，家家都在屋前屋后种植桑树。所以古人将"桑田"泛指陆地。大海变陆地，可见变化之大，这就是成语"沧海桑田"所表达的含义。后人又将这四个字紧缩为"沧桑"一词，都是形容世事起了翻天复地的变化，已是今非昔比了。

以草覆盖不显露——藏

　　小篆的"藏"字写作"藏"是个上下结构的形声字兼会意字。上面的"草字头"作形符，表示跟草有关，"藏"字下面的"臧"字读"zāng"，作声符并会意。

　　"草"字与"臧"字组合，指以草覆盖使其不显露。因是指以草覆盖，这与草有关，所以古人用"草"字作"藏"字的形符。

　　古人为什么用"臧"字作"藏"字的声符呢?

　　甲骨文的"臧"字是个会意字。右边是"目"，左边是"戈"，表示用"戈"刺"目"。古代抓到俘虏便刺瞎一目罚为奴隶。小篆在旁加"爿（pán）"字为声符，隶变后写作"臧"，本义指战争中被俘为奴隶的人。奴隶无自由，故引申指"收存""隐藏"，读"cáng"。用作名词时指储存的东西或储存的地方读"zàng"。人的内脏藏于体内，故又表示内脏。为分化字义，古人另加草字头写作"藏"表示隐藏；另加肉月旁表示内"臟"，现简化为"脏"。由此可见，"臧"字是"藏"字的本字，是最早的"藏"字，难怪古人用"臧"字作"藏"字的声符并会意了。

　　"藏"字的本义指"隐蔽、隐藏、不显露"，如藏起来不让人发现称"藏匿"；心怀恶意，不愿助人称"藏奸"；还有躲藏、暗藏等词。"藏"字由本义引申指"收存、储藏"，如藏书、矿藏、冷藏、储藏、埋藏、收藏、窝藏、珍藏、贮（zhù）藏等词。"藏"字是个多音字，读作"zàng"时，由"储存"引申指"储存大量东西的地方"，如宝藏；由"收存"又引申指"佛教、道教经书汇集的总称"，如大藏经、道藏；还指"西藏和与之相关的事物"，如藏族、藏语、藏历、藏戏等词语。

"藏"和"绵里藏针"

"藏"字作动词用，指躲藏、隐藏，如暗藏；也指收存、储藏，如珍藏。成语"绵里藏针"，指丝绵里藏着针，比喻表面和善，内里尖刻；也比喻柔中有刚。

说起"绵里藏针"的出典，有段历史名人故事。

北宋文学家、政治家、大词人苏轼，号东坡居士，他不仅诗词写得好，而且书法造诣也是首屈一指，令人赞赏。他写的字，外表看似很柔软，但细细看，笔锋间显示出坚硬有力的气势。

有一次，苏东坡跟朋友聊起自己书法作品的风格时，说过这样一句话："我的字，就像绵里铁。"这话的意思是，他写的字，外表看似柔软，但实质内里坚硬似铁。

当时有位书画名家赵松雪，他对苏东坡的字赞叹不已，他的评价是："外柔内刚，真所谓绵内铁也。"

这句话是指苏东坡的字外柔内刚，柔中有刚，刚柔相济，这就叫"绵内铁"。应该说，这个词是褒义词，无一点贬义。可后来，"绵内铁"变成了"绵内针"，这就成了贬义词了。"绵内针"又演变成"绵内藏针"。这个"藏"字就有"隐藏""暗藏"的意思。丝绵内暗藏着刺人的尖针，这不是存心害人吗？弄不好会置人于死地啊！这就如同"笑里藏刀"了。因此，如今也有人把"绵内藏针"形容为表面装得很和善，而内心却十分阴险毒辣。因此，这一成语就有了多种意思。除了有笑里藏刀之义外，还用来表示待人接物小心谨慎，不敢稍露锋芒。还表示要忍耐，要绵内藏针。也用来比喻柔中有刚。这就看你怎么用了。

尽全力抓在手里——操

cāo
操

　　小篆的"操"字写作"𢭃"是个左右结构的形声字兼会意字。左边的"提手旁"作形符，表示跟手的动作有关。

　　"操"字右边的"喿"字读"zào"，作声符并会意。"手"字与"喿"字组合，指尽全力抓在手里。因是指紧紧地抓在手里，这与手的动作有关，所以古人用表示"手"的"提手旁"作"操"字的形符。

　　古人为什么用"喿"字作"操"字的声符呢？

　　金文和小篆的"喿"字都是会意字。上面是三个"口"字，下面是"木"字，表示树上众多的鸟儿在鸣叫之意。本义指"众鸟鸣于树上"。众鸟叫时，声音嘈杂，每只鸟拼命地叫着，大有竭尽全力之势。而"操"字是指竭尽全力，紧紧地握在手中，这两者是相一致的，所以古人用"喿"字作"操"字的声符并会意。如今这"喿"字只作偏旁用，不再单用了。

　　楷书的字形由小篆演变而来，写作"操"。

　　"操"字的本义指"抓在手里"，如将刀抓在手里称"操刀"；"同室操戈"指同住一起的自己人动刀动枪，比喻兄弟之间争吵相斗。

　　"操"字由本义引申指"控制、掌握"。控制、把持或支配称"操纵"；"稳操胜券"指有必胜的把握操作控制，也作"稳操胜算"。"操"字由本义又引申指"做、从事"，如操持、办理称"操办"；用心主持和料理称"操持"；还有操劳、操心、操作、操之过急等词。

　　"操"字由"做"引申指"训练、锻炼"，如操练、操演、体操、操场等词。"操"字又引申指"品行、行为"，如操守、操行、节操、贞操、情操。"操"字由"从事"还引申指"用某种语言或方言说话"，如操一口英语、操一口上海话。

小　篆

操
隶　书

操
楷　书

当知为谁操心

　　尚先生是金陵有名的书法家，也是位研究中国古典文学的专家，原是一所大学的中文系教授，如今已年近九十了。他有位关门弟子，也是最贴心的忘年交蔡博士。蔡博士是尚先生当博导时带的最后一名博士。

　　今日，蔡博士来向尚先生辞行。他奉命调到边远省份任职，想向尚先生讨幅字作留念。尚先生为难地说："我的字不值钱，但写什么呢？老套话没意思。"蔡博士笑道："这您还用操心吗？您肚子里对联成千上万呢。"尚先生听了，不无感慨地说："说到操心，我真为你担心，现在当官不易啊，一步不到位，就要出乱子，可操心呐。"

　　蔡博士说："尚老，哪样不操心呢？您当我们博导，不知操了多少心呢。我还记得，当年讲《说文解字》时，就为这'操心'的'操'字，您引经据典，集思广益，为我们作解释，最后的结论有分歧，您谦虚地说您的意见是一家之言，在我看来，那是至理名言啊。"

　　尚先生已记不得当年讲了些什么，只记得大家对"操"字的本义有点争论。蔡博士对当年的争论历历在目，犹言在耳。他记得，有人认为左边的提手旁指手，右边的"喿"指树上群鸟张大嘴蝦叫，但被手一把抓住了，所以"操"字的本义指"抓在手里"，如"操刀"。而尚先生倾向于"操"字指一群幼鸟正张口嗷嗷待哺，而幼鸟父母飞进飞出捉虫喂养幼鸟，它们操心操劳，尽抚养之责。待鸟儿衰老，幼鸟反哺，也是操心操劳，尽赡养之职……

　　尚先生听得入神，依稀记得，是有这么回事，不过，眼下他在琢磨，该给自己的贤弟子写副什么样的对联呢？他琢磨再三，便铺纸磨墨，奋笔疾书：

　　　　人，顶天立地，走南闯北，当知为谁操心；
　　　　心，挂肚牵肠，瞻前顾后，深省如何做人。

　　写毕，尚先生语重心长地对蔡博士说："我是借先贤的话与你共勉啊。"

喂牲口木制器具——槽

小篆的"槽"字写作"槽"是个左右结构的形声字兼会意字。左边的"木"字作形符，表示跟树木或木料有关。"槽"字右边的"曹"字读"cáo"，作声符并会意。

"木"字与"曹"字组合，指喂牲口放草料的木制器具。因是指木制的器具，这跟木有关，所以古人用"木"字作"槽"字的形符。

古人为什么用"曹"字作"槽"字的声符呢?

古代的"曹"字是个会意字。上面是两个并列的"东"字，也有说是两个灯笼，表示成双成对。下面是个"口"字，指古时官员审案的地方。官员办案时，原告和被告都站在东边，含有两个人，且彼此相当的意味。而牲口槽都是两边高，中间凹下去，槽的两边也有彼此相当之义，所以古人用"曹"字作"槽"字的声符并表意。

楷书的字形由小篆演变而来，写作"槽"。

"槽"字的本义指"喂牲口放草料的木制器具"，如给牲口喂饲料的地方称"槽头"；"槽子"是指装饲料的长条形的木制容器，凡两边高起，中间凹下去的物体，其凹下去的部分都叫"槽子"，常见的有马槽、猪槽。

"槽"字由本义引申指"盛液体的器具"，如酒槽、石槽、水槽。

"槽"字又引申指样子像槽的，如槽床、槽糕、槽牙、槽坊、渡槽、河槽、槽钢；河流水位低，退入河槽称"落槽"；江河的水面与河岸相平称"平槽"。

棺材劈成食槽

"槽"字是名词，指喂牲口放草料的木制器具，也称"食槽"，如马槽、猪食槽。这种牲口槽两边高，中间低凹，低凹处放草料或食料。此物现在已不多见，只有在偏僻农村才能看到。

这里讲个跟"槽"字相关的故事。

却说明朝洪武年间，苏北高邮湖边有两个渔民，他们在湖里逮到一条大青鱼，本是两人齐心协力才捉到的，但在分鱼时，为了你多他少而发生争执。这两人都是火暴性子，一言不合，便厮打起来。两个人势均力敌，不分胜负，于是便抬着大青鱼到县衙，请县老爷主持公道。

两人吵吵嚷嚷，来到县衙。县令姓谈，他一听说有人告状，立即升堂。他问二人姓名，一个说姓夏，一个说姓贾。两人说明原委，听谈老爷发话。

谈县令听罢，当即赋诗一首，算是判词：

二人姓夏姓贾，原为争鱼厮打；各执二十大板，鱼给本官留下。

话音刚落，两个衙役走上前来，将二人按下，各打二十大板，随后将大青鱼抬到后堂去了。

夏、贾二人被打了二十大板，鱼也被谈县令没收，又气又恼。两人追悔莫急，便商量如何治治这谈贪官。

过了几天，夏、贾二人到城里买了口薄木棺材，又假装争持不下，厮打起来，两人又拉拉扯扯，叫叫嚷嚷，抬着棺材到县衙请县老爷评理。后面跟着一群看热闹的人，来到县衙门前的广场。

谈县令听说夏、贾二人又来告状，立即升堂审案。听罢二人的叙述，谈县令不加思索，又赋诗一首，当作判词：

二人姓夏姓贾，为口棺材厮打。棺材改作食槽，留与老爷喂马。

夏、贾二人不服，要与谈县令论理，但谈县令一挥手，几个如狼似虎的衙役，一阵乱棒，将他俩赶出了大堂。

草本植物的总称——草

　　古代的"草"字，既是个象形字，也是个形声字。甲骨文的"草"字，像初生小草的样子，类似现在的草字头。金文的字形由甲骨文演变而来，字形仍然像初生的小草，但跟现在的草字头更像了。小篆的字形成了一个上下结构的形声字。上面的草字头作为形符，表示跟初生的小草有关，下面是"早"字作声符，读"zǎo"。"早"字指清晨太阳出来的时候，用在"草"字中，有小草在阳光下生长的意思。

　　隶变后的楷书写作"草"。

　　"草"字的本义指"花草"，如杂草丛生的地方称"草丛"；喂牲口的饲料称"草料"；平坦的草地称"草坪"；草虫、草垛、草包、草根、草莽、草帽、草原、草本、草堂、草屋、草药、草鞋、芳草、干草、野草、稻草、灯草、茅草、杂草等都指"花草"。

　　"草"字由本义引申指"打草稿"，如拟写最初的文稿也称"起草"；拟定草稿称"草拟"。由"起草"引申指"还没有确定的、初定的"，如草稿、草案、草图、草约。由"初定的"又引申指"不细致"，如草率、潦草、草草了事。

　　"草"字还引申指文字书写形式的名称，如草书、草写、狂草、小草；"章草"也是草书的一种，其笔画还保有隶书的笔势，相传为汉元帝时史游所创，因为曾用于奏章，所以称"章草"。

　　"草"字假借指"雌性的"，如草鸡、草驴。

早有苗头——草

南京夫子庙测字名家胡铁嘴，跟大石坝街茶叶店老板徐文才是好朋友，徐文才为他那宝贝儿子的婚事焦头烂额，于是今天来跟胡铁嘴商讨。

徐文才的儿子徐长庆，在汤山会计专科学校读书。这孩子是个情种，嘴唇上胡须还毛草草的没长几根，爱上他的女同学就有一大串了。他跟号称校花的田苗苗已经到了非她不娶、非他不嫁的程度，两人已私下约定，一毕业就结婚。两人已向各自的父母交了底，表达了决心，在当时，这已属于文明婚姻了。

徐文才有点不放心。他将儿子和田苗苗的生辰八字告诉胡铁嘴，请他测个字，算算命，看这婚事能不能定。

胡铁嘴让徐文才拣个字。徐文才摸出个"草"字，满脸愁容地递给了胡铁嘴。胡铁嘴将字牌在手心里掂了掂说："虽说古诗有'天涯何处无芳草'的绝句，劝人不要太痴心，但这'草'字还是大吉大利的呀。"

徐文才问："何以见得？"

胡铁嘴说："草木报春，一片绿色，有什么比这旺盛？你那宝贝儿子，常旷课跟这田苗苗去苏杭游玩。'草'字是'苗'字头，'早'字身，这就是早就有苗头嘛，你现在拦都拦不住了，还来测什么字、算什么命呀？"

徐文才说："如若两个人命不相合，我是绝不同意他们成婚的！"

胡铁嘴说："儿大不由娘，你管得了他的身，可管不了他的心啊。他俩就像一团泥，和在一起，捏成两个人，不分彼此，难分难舍啦。"

徐文才问："我拣的这'草'字，哪有这个意思？"

胡铁嘴写了个"苗"字说："你拣的'草'字跟田苗苗的'苗'字，只差一横。'草'字把脚缩进去，近似于'苗'字；'苗'字把脚伸出来，近似于'草'字，你还要怎样才算连为一体呢？"

徐文才看看"苗"字，又看看"草"字，自言自语地说："这草与苗，既是早有苗头，又这么相似，恐怕也是天意吧。"想到此，他也便有了同意这场婚事的念头。

绳捆竹片　成书一册

cè
册

甲骨文

金文

小篆

隶书

楷书

　　远古时代，人们先是用"结绳"和"堆石"的办法来记事。后来出现了文字，那时，我们的祖先把文字写在什么上面呢？

　　在商、周时代，古人把文字刻在龟甲和兽骨上，这些文字被称作"甲骨文"。与此同时，还出现了刻铸在青铜器上的文字，称为"金文"，也称"钟鼎文"。这样刻字十分不便，限制了文字的使用和传播。到了春秋末期，人们把字刻在竹片和木片上，这就是"简牍"。"简"就是竹片，"牍"就是木片。这种竹片或木片有一二尺长，多则写三四十个字，少则写八九个字。一篇文章写成后，阅读时打开，不阅读时卷起来。这就是"册"字的来历。

　　"册"字的本义指书本、书籍，主要用作量词，如这套书共有十册；也指"册子"，如画册、纪念册；藏书的地方称为"册府"；古时候，"册"还用于皇帝封爵的命令，如册立、册封。

　　甲骨文和金文的"册"字，形体基本相同，都是象形字，只是表示竹片的竖线有多有少。少的有三四片，多的有五六片。有学者认为，这些竖线条不一定全指竹片、木片，其中也有龟甲片或兽骨片。现在的甲片上有小洞，就是绳索或皮条从中穿过，使其成整体，古人称之为"编"。当然，这些书都很笨重，出门时都要马驮车拉，"学富五车"就这么来的。

数学家猜字谜——册

也许有人以为，数学家们成天跟枯燥单调的数字打交道，讲起话来肯定没有趣味。岂不知，许多数学家的文学才华可了不得呢。《中学生数学报》的记者王芳，在一次餐桌上，可算是领教了他们的文字功底。

在一次有众多中国顶尖数学家参加的学术研讨会上，小王有幸跟他们同桌吃饭。饭后，几位老先生闲聊。当何老得知小王名叫王芳时，笑着说："给个字谜你猜猜——一加一不等于二。"

小王猜不出。何老说："阁下的大姓呀！"

何老又说："再给个你猜猜——二十万还要多一点。"

小王仍是猜不出。何老哈哈大笑："你的芳名呀！"

小王不由脸红了，深感自己才学疏浅。这时，刘老出来打抱不平了，说："别欺负人家小姑娘。我问你，'等腰三角形'是个什么字？"

大家沉默不语，各自在解这个字谜。过了一会儿，何老说："依老夫之见，'等腰'可当'等'字的腰部理解，即中间部位，这就是'土'字。下面加个三角形的'厶'字，我认为这是个'去'字。"

一番分析，众人皆心服口服。刘老见难不住他，又出了一道题："一本书里加上两个小数点，就能变成两颗仙丹。"

何老想了半天，实在猜不出，便指责刘老："你这是胡编乱造吧？"

刘老说："我得说出道道来，让你心悦诚服。这是个'册'字。两边各加了一个小数点，不是灵丹妙药的'丹'字么？"

众人哈哈大笑，离席而去。

元·赵子昂

人所在位置旁边——侧

古代的"侧"字是个左右结构的会意字。字的左侧是"曰"字，读"yuē"，表示用口说话。右侧是个身子歪向左侧的人。这是通过"曰"字表示这"人"所在位置的一边便是"旁边"。凡说到"旁边"，先得有个参照物，有个基准。人们常以人自身的位置为基准，指出身边有一物。在甲骨文中，这个人倾斜着身子，表明旁边的位置，这就是"侧"。就字形而言，这的是指"左侧"。

金文的字形由甲骨文演变而来，变成了一个左右结构的形声字。左边是"单人旁"，表示与人有关。右边的"则"字读"zé"。"单人旁"与"则"字组合，指人所在位置的"旁边"。因是指人所在位置的旁边，所以古人用单人旁作"侧"字的形符。

小篆的字形由金文演变而来。

楷书的字形由小篆演变而来，写作"侧"。

"侧"字的本义指"旁边"，如从侧面攻击称"侧击"；对某些活动侧面的记述称"侧记"；旁边的门称"侧门"；斜目而视称"侧目"，多指畏惧或愤恨；还有侧室、侧翼、侧影、旁敲侧击等词语。

"侧"字由本义引申指"向旁边歪斜"，如侧身、侧泳、侧重、侧耳细听、辗转反侧等词语。

"侧"字是个多音字。读"zhāi"时，由向旁边歪斜引申指"倾斜"，如侧歪。

做人准则——侧

　　南京有位奇人郑可鉴，喜欢给人测字，远近闻名。这天有位陌生人找上门来，自报家门，说是特地从广东佛山赶来的。他有位亲戚，在官场上受下属牵连，收了重礼，本想蒙混过关，后来受郑可鉴指点，帮他测了两个字，使他幡然悔悟，主动向组织承认错误，退回礼品，组织从轻处理。今日他也想来测个字，听听高人的建议。

　　郑可鉴问道："今天你想测什么字？为啥事？"

　　来客爽快地说："跟他同样的事，测同样的字。"

　　郑可鉴劝解道："人各有志，事有大小，字有同音异义，不可同日而语，我就给你测个同音字'侧'字吧。"来客点头同意。

　　郑可鉴写了个"侧"字说："这个字可读"cè"，指侧面。就像你在侧耳细听。也可读"zhāi"，表示歪斜。如你现在侧着身子。'侧'字由三部分组成。左为单人旁，中为'贝'字，右为立刀。'侧'可拆成'人'和'则'两个字，此为做人准则，或以身作则。看来你懂得做人准则，但原则性不强，以身作则欠缺，所以惹上了麻烦事。你破格提拔了一位下属，你这位下属也拉你下了水……"

　　来客追问道："你怎知道我破格提拔下属？"

　　郑可鉴指指"侧"字当中的"贝"字说："这'贝'字里的一个'人'字不是破格而出吗？他成了你的好友。也许你们做了些出格的事。"来客沉默不语。郑可鉴指着"侧"字又说："这'侧'字左为人，右为刀，当中为'贝'。向左，意为在钱财面前侧（zhāi）身而退，成为一个正直之人，没有拜倒在金钱之下；向右，为'贪'字所困，落到刀光剑影、风腥血雨之中。何去何从，由你定夺。"来客又是一阵沉默，抬头说："先生，您上次为我那朋友测了两个字呢。"

　　郑可鉴想起，那次还为那广东客人测了个"册"字。这次他爽快地说："我再为你测个'策'字吧。这'策'字上为竹字头，下为'朿'（cì）字。'朿'字是'刺'字去了锋芒。你回去竹筒倒豆子，向上级交代所有问题，你就可摆脱如芒刺在背的痛苦……"

　　来客听罢，站起来，激动地握着郑可鉴的手，好久没说出话来。

度量水的深浅——测

　　古代的"测"字是个左右结构的形声字兼会意字。左边的"三点水"是形符，表示跟水有关。右边的"则"字读"zé"，作声符并会意。"则"字与"三点水"组合，指"度量水的深浅"。因是度量水的深浅，所以古人用"三点水"作"测"字的形符。

　　古人为什么用"则"字作"测"字的声符呢？

　　古代的"则"字，其本义指"按规范宰割鼎内煮熟的肉"。它有规范、榜样、准则、原则、规则等意思。测量任何事物，包括度量水的深浅，都有一定的准则和规则，或原则，违反了这些规则就测不准。所以古人用"则"字作"测"字的声符并会意。

　　楷书的字形由小篆演变而来，写作"测"。

　　"测"字的本义指"测量水的深浅"。

　　"测"字由本义引申泛指"用各种仪器测量事物"，如测量试验称"测试"；测量计算称"测算"；用仪器或其他办法检验称"测验"；用仪器或其他办法进行考察或测量称"探测"；用仪器测量远距离的物体称"遥测"；预先推测或测定称"预测"；还有测绘、航测、窥测、高深莫测等词语。

　　"测"字由本义引申指"猜想"，如主观地猜想、推测称"臆测"；凭想象估计、推测称"猜测"；还有测度、揣（chuǎi）测等词。

身临险境 回头是岸——测

南京有位奇人叫郑可鉴。他干的是旅游行业，自己的爱好却是钻研汉字。他开了家旅游公司，自己当导游，乐得游山玩水。今天，郑可鉴跟车到苏州去，有位来自广东的游客，一定要和郑导游坐一起好好聊聊。

大客车上人不多，他俩在后排角落攀谈起来。这位客人是散客，临时买票上车的。他只说来自广东，没讲姓名职业。他坦诚相告，自己是一家公司老总，近来有位下属出了问题被审查，有些事牵扯到他，他想测个字，问问吉凶如何。郑可鉴曾碰到过类似的人，他们误将自己当成测字先生了。他不动声色地问："测什么字，什么事儿呢？"

广东游客想了好一会儿，仍不知测什么字为好，最后下定决心说："就'测字'的'测'字吧。看我接下来有没有什么风险。"

郑可鉴想了想，说："先生，你说的'测'字可是个凶险难测的字呀。"说罢掏出本儿，写了个"测"字说："你看，左边是三点水，这是万丈深渊啊。右边为立刀旁，这是刀光剑影，有血光之灾啊。为的是什么呢？为的是当中金银财宝的'贝'字。你恐怕牵连到贪腐大案里去了。"

广东游客吓得额头冒汗了。他边掏手帕，边说："我说错了，你给我测'画册'的'册'字吧。"

郑可鉴又写了个"册"字说："这'册'字也不是什么好字啊。你看，这'册'字当中像'朋友'的'朋'字，现在被一根绳捆绑在一起，谁也逃不掉。我给你八个字：身临险境，回头是岸。"

广东客人听了，头上又冒汗了。郑可鉴劝道："先生，你也不必紧张。一人做事一人当，也许你只负管理不善、用人不当的责任。你只要主动说明真相，也许会化险为夷的。"

广东客人听了点头称是。这时车到苏州，广东客人悄悄掏出几张百元大钞塞给郑可鉴。郑可鉴推托道："收下你的钱，我这人就没味儿了。"

广东客人收起钱要求就地下车。他打车去机场，直接乘飞机回广东了。

cè
策

竹制的马鞭——策

　　"策"字，是个上下结构的形声兼会意字，上面的竹字头是形符，表示与竹子有关；下面的"朿"为声符，读"cì"，两形合一，意思是用竹子做成的鞭子。

　　古人为什么用"朿"字作声符呢？因为用竹子做成鞭子，需把竹子剖开，用刀削成片状。而竹子有节，类似于木刺，所以用"朿"为声符并会意。人们往往把"策"字中的"朿"字下面加了一短横，误写成"束"字，这就成了错字。

　　"策"字的本义为竹制的马鞭。这种马鞭的头上有尖刺，用鞭来刺马的屁股，使它向前跑。用策赶马，引申为激励、勉励的意思，如鞭策、策马扬鞭。

　　"策"字由鞭打、督促、激励引申指计谋、办法、筹划，如策动、策反、策划、策略、国策、计策、决策、良策、妙策、上策、下策、失策、献策、政策、策源地、群策群力、束手无策。

　　"策"字也指古代用的竹片或木片串成的竹简或木简，如简策。

　　"策"字还指古代考试中的一种文体，主考者大多以政治和经济问题发问，让应试者回答，如策论、局策、对策。

　　"策"字也指拐杖，如扶策缓步前行。

　　"策"字也作姓氏用。

朿
金文

策
小篆

策
隶书

策
楷书

《隶辨》

指竹为题——策

古人为追求功名利禄，发奋读书，盼望参加科考，能金榜题名，光宗耀祖。其实这又谈何容易！科举考试历时一千三百多年，考中状元的全国只有八百多名，但由于一些原因，名字可考的只有七百三十六名，他们的名字如今被刻在南京江南贡院大门东壁的"中国历代状元名录"石碑上。

为能层层选中，考生们除了苦读，还要猜题目，要想尽办法打探到今年科考的要点和形式。其中"策问"是经常采用的形式。"策问"，往往是最后殿试时举行，由皇帝亲自主持。

北宋熙宁元年，福建有两位贡生，一位叫叶祖洽，一位叫上官均，两人趁着春色迷人，结伴去三清山游玩。山腰有座古庙，庙后有竹林松柏，十分幽静。两人进庙后与老方丈叙谈。老方丈长须白眉，谈吐不俗，二人便向他请教，两年后的殿试该准备什么题目，因为两年后他俩要参加殿试呢。

老方丈听了，转身指指院子里一束竹子说："就以此为题吧！"

二人定睛一看，院中有几棵竹子，因枝叶太茂，竹竿已东倒西歪，只好以一根草绳将这几根竹子扎成一束。二人不解其义，见老方丈已端茶送客，也不便再问，便匆匆告辞了。

叶祖洽和上官均回家后，也未把老方丈的话放在心上，仍是闭门苦读。两人偶尔来往，谈些学术上的事，相互讨教。

两年后，两人进京参加殿试。试题撤掉了诗、赋、论三题，换成了"策问"。二人驾轻就熟，下笔千言，立论新颖，文笔流畅，字迹端正，博得皇帝好评。发榜时，叶祖洽中了状元，上官均是第二名榜眼。这时，他俩才明白，前年老方丈说的"一束竹"，乃是个"策"字啊。

据说，此事地方志有记载，叶祖洽当属中国八百多名状元之一。

重叠的屋——层

古代的"层"字是个左上包围结构的形声字兼会意字。左上方是个"尸"字，作形符。这个字可不是"尸体"的"尸"，它是"屋"字简省的写法，表示跟房屋有关。"尸"字的下面是"曾"字，这个字读"zēng"，作声符并会意。这两个字形组合在一起，表示"重叠的屋"。因为指重叠的屋，所以古人用"屋"字简省的写法"尸"字作形符。

古人为什么用"曾"字作"层"字的声符呢？

甲骨文的"曾"字是个会意字。字形的下半段像个蒸锅。蒸锅上面是一层层抽屉状的隔板，这一层层隔板上面放要蒸的馒头之类。蒸板上还有盖子。这个器物就是今日馒头店里的蒸笼。蒸笼是一层层重叠增加的。重叠的屋也是叠加的，这种屋就是今日的"楼房"。楼房是多层重叠的，所以古人用"曾"字作"层"字的声符并会意。

楷书的字形由小篆演变而来，写作"層"，现简化为"层"。

"层"字的本义指"重叠的屋"。由"重叠的屋"引申指"重复、重叠"，如：最下面的一层称"底层"，也指社会最低的阶层；各级组织中最下层的一级称"基层"；物体表面的一层称"表层"；还有上层、高层、夹层、阶层、云层、油层、岩层、层出不穷、层次分明等词。

"层"字也作量词用，如一层楼。

千层浪和层层浪

现在老年人的退休生活，真是丰富多彩。

这年夏天，南京出版社几十位退休员工，结伴到广西北海避暑，在那儿住上个把月，享受海风、享受凉爽，待过了酷暑，再回南京。

每天晚饭后，大家三三两两，沿着海边的沙滩散步。落日的余晖，照着平静的海面。偶有微风吹过，拂起一层又一层波浪，涌向岸边，消失在沙滩里。

古籍出版社的几位老先生不忘老本行，喜欢咬文嚼字、吟诗作对。

徐老接受一家出版社委托，正在审读一本《对联故事》。审稿时，碰到个小难题，一时拿不定主意，便拿出来，跟马老、姚老两位商量。他有意挑起话题，指指远处涌来的波浪说："记得有副对联是描写眼前景象的，不知二位可记得上联是怎么说的？"

马老想了会儿说："我记得上联好像是'风吹海水千层浪'，下联是'雨打沙滩万点坑'。"

姚老摇了摇头说："不对吧？我记得上联是'风吹海水层层浪'，不是'千层浪'。下联是'雨打沙滩点点坑'，不是'万点坑'。"

徐老说："我正巧看到这副对联，就是这两个版本，不知哪个准确。是'千层浪'好呢，还是'层层浪'好呢？是'万点坑'好呢，还是'点点坑'好呢？"

说罢，三位资深老编辑都沉默了。他们望着一层层涌来的海浪，又想象着雨点打在沙滩上形成的一个个小坑。他们琢磨着，在内心斟酌着、比较着。最后，他们不约而同地说："还是用层层浪为好。"

徐老总结道："二位说得对。'千层浪'和'万点坑'用了具体数字，这是个实数，千层、万点有谁计算过？这'千层'和'万点'虽说也是虚数，但还是显得太实。太实了，反而不可信。层层浪，显示一层又一层浪不断涌来，直到风停止，'点点坑'，表示雨点砸到沙滩上，小坑一个又一个出现，直到雨停为止。这样写反而符合实际。写诗作文，用到数词，也要虚实结合、灵活运用啊。"

茶叶沏成的饮料——茶

　　"茶"字出现得较晚，直到小篆的字体中才看到。

　　"茶"字的前身是"荼"（tú）。据说茶树本来叫"檟"（jiǎ），又名苦荼树。因为它的叶子和茶一样有苦味，所以叫"荼"，也称苦菜。

　　到了南北朝时代，代表"檟"的"荼"分化出了"茶"的读音。到了唐代，"荼"字被当时的人省去一横，于是便成了今天的"茶"字。

　　"茶"字，大都与茶叶和饮茶有关，如茶场、茶壶、茶杯、茶馆、茶话会、茶农、茶艺。连用茶叶煮的鸡蛋也叫茶叶蛋。

荼
小　篆

茶
隶　书

茶
楷　书

宋·米芾

宋·米芾

宋·蔡襄

明·徐有贞

苏东坡讨茶喝

有关"茶"字，民间流传着一则苏东坡打字谜讨茶喝的故事。

北宋诗人苏东坡在杭州任官时，与灵隐寺的一位老和尚交情很深，时常带着小书童去他那里品茗聊天。

有一天，两人不知不觉谈到了傍晚，天上下起了小雨，老和尚就请苏东坡留在庙里，自己去经堂打坐。

不一会儿，小书童头戴草帽、脚穿木屐来到经堂，小声说道："师傅，我家先生让我来向你讨点东西，至于什么东西他却没说，只说你见到小人就明白了。"

老和尚上上下下打量了小书童一眼，起身拿出一包茶叶交给了他。小书童十分诧异，问道："师傅怎么知道我家先生讨的是茶叶呢？"

老和尚笑着说："你家先生是借你同老衲打哑谜呢。你看你，上有草帽，下有木屐，当中是人，不是'茶'字是什么？"

水面上的浮木——查

查
金 文

查
小 篆

查
隶 书

查
楷 书

　　"查"字，有两种解释。

　　有人认为，古代的"查"字，是个上下结构的形声字。上面是个"木"字，表示这个字与"木"有关。下面的"旦"是读音。后来字形变化，成了"查"。"查"的本义是指"水中浮木"。

　　另一种说法是，"查"字是个上下结构的形声字。上面是"木"，表示这个字与"木"有关。下面是"旦"字，表示读音。本义指"木筏"。

　　以上两种说法，没什么差别，仅仅是声符不同而已。在形声字中，声符与现在的读音已很少相同了。

　　"查"的本义为"水上浮木"，即木筏或木排。后来假义为"考察、检验"的意思，如调查、检查、抽查、互查。

　　调查本身，就有寻找、搜寻的意思，且目的是弄清问题，如查访、查勘、寻查、追查、盘查、查办。

　　"查"有翻检着看的意思，如查资料、查字典、查地图。

　　"查"是个姓，读"zhā"。

日本逆作，一败涂地——查

猜谜语不仅仅是游戏，好的谜语往往寓教于乐，能使人在猜谜的过程中，学到知识，受到教育。

抗日战争时期，重庆一个灯谜会，曾组织过一次大型猜谜活动。在一个中秋之夜，推出了不少灯谜，让市民们猜。其中有不少是抗日爱国内容的，在当时传为美谈。

有位姓刘的老先生，制作了一盏大灯笼，上面写着一个谜面"日本逆作，一败涂地"，要求猜一个字。

大灯笼挂在会场上，一连三日，没人猜得出，只好请制谜人出场揭谜底。

这天，会场上聚集了上千人，听刘老先生作讲解。

刘老先生上台，举出早已写好的一个写得很大的"查"字，大声说："诸位，请看。这'查'字拆开，上面是'木'，下面是'日'，但它从下往上可以说是'日本'，这算不算逆作？再看上面这个'木'字，虽然不算'本'，因为它少一横，但这一横丢在地上了，你说是不是一败涂地？"

经刘老先生这一解说，台下上千人，一齐鼓掌喊好。

山脉的分 岔

"岔"字是个后起字，在《说文解字》中没有收入。

古代的"岔"字是个上下结构的会意字。上面的"分"字有分开、分支之义，下面是山脉的"山"，这两个字形组合在一起，指"山脉分歧的地方"，所以"岔"字由"分"字和"山"字组成。

楷书的字形写作"岔"。

"岔"字的本义指山脉的分"岔"，如三岔路口、岔道。从河流主干流的下游分出的流入海洋的小河流称"岔流"；使火车、列车由一组轨道转到另一组轨道上去的装置称"道岔"；比喻离开正题的话或事称"旁岔"；看错、认错称"眼岔"。

"岔"字由本义引申指"事故、乱子"，如出岔子了、这件事出岔了。

"岔"字由本义又引申指"转移话题"，如别人讲话他老是打岔、他的话被别人岔开了。

"岔"字有前进时离开原来的方向而偏到一边的意思，如车子岔上了小路。

"岔"字由转移方向引申指"互相让开，避免冲突"，如把上下班时间岔开。

"岔道"与"插刀"

有句豪气冲天的俗语尽人皆知，这便是"为朋友两肋插刀"。指为朋友敢于冒险，甚至牺牲性命，形容重情义，讲义气。讲起这句俗语的来历，有段传奇故事。

却说秦叔宝带着捕快们去实施抓捕行动。而这些将要被抓捕的人，有些是秦叔宝平日里所结交的江湖朋友。为搭救这些朋友，他先派人去通风报信，要他们尽快躲藏起来。为拖延时间，让朋友们安全转移，当走到一个名叫两肋庄的岔道口时，他故意带领捕快们走上岔道，追向另一个方向，保护了这帮朋友。因抓捕扑空，秦叔宝受牵连，被关押在登州。聚在瓦岗寨的响马们为营救秦叔宝，攻入登州城，救出秦叔宝，然后共举义旗，组成瓦岗军反抗朝廷。后来秦叔宝成为唐朝的开国功臣。

这段故事，被说书艺人所传唱，秦叔宝为搭救朋友而故意走两肋庄岔道的事，被称为千秋义举，于是，走"两肋庄岔道"便成了这个传奇故事的故事核，紧缩成一句话便是"秦叔宝为朋友两肋庄走岔道"。

说书艺人的创作，经口口相传，不断丰富润色，添油加醋，使之更形象生动，在这再创作的过程中，不知何时，将"两肋岔道"说成"两肋插刀"了。

还有一种版本，说的是秦叔宝去登州报信救朋友，路过两肋庄时，在岔道口犹豫了。一条路往家走与老母妻儿团聚，一条路去登州救朋友，他略一沉思，又大步向登州而去。

不管怎么说，这故事的关键词就是"岔道"与"插刀"。这两个词谐音。相比之下，"两肋插刀"似乎更显得生动形象，也更准确具体。试想一下，为了搭救朋友，即便在人体重要部分的两边肋骨插上刀也在所不惜，这是何等的英武仗义啊。

看来，这一改动是有意为之，不一定是谐音所致。有民间高手对原作加工润色时，精益求精，更上层楼，于是便有了今日这响当当的"两肋插刀"。

两手搓麦粒——差

　　金文的"差"字是个会意字，它由两部分组成。上面是个"來"字。甲骨文的"來"字指"小麦"。"麦"字下面是"夊"字，指朝下的脚，表示到来之义。古人认为小麦是上天所赐，供人食用的，所以"麦"字与"来"字同源。

　　"差"字下面是"左"字，"左"有"帮助"之义，也有"相背"之义，在这儿表示用两手不停地在"搓"麦粒。用手搓麦粒是农村常见的现象。"差"字的本义指"用手搓麦粒"。

　　"差"字由本义"搓麦粒"，引申指"前后相搓而不相当，始终不一样齐，有差错"，这时的"差"字读"chā"，表示"差错"。由"差错"又引申指"差别"，由此又引申指"差数"。如八减五的差为三。

　　"差"字由"差别不大"又引申指"大致还可以"。这就是"差强人意"，表示大体上还能使人满意。

　　"差"字由"差错"又引申为"不正确"，这时读作"chà"，如指责别人说得不正确，便说"你说差了！"

　　"差"字由"不正确"又引申指"不相当"，如差不多、差远了。由此又引申指"欠缺"，如你还差我三块钱。还引申指"不好"，如：质量太差。"差"字读"cī"时，还引申指不整齐，如参差（cēn cī）不齐，指长短、高低、大小不齐、不一致。

　　"差"字读"chāi"，指被派遣到外地去，也指被派遣的人。如钦差大臣、信差。

　　"差"字由"搓麦"的活动又引申指"差事"，如当差的、出差。

　　"差"字有这么多意思，为引申义所专用，所以古人就在"差"字左面加"提手旁"，写成"搓"，专门表示"两手搓磨"之义，如搓绳、搓衣服、搓药丸，也包括"搓麦粒"。

着眼不到易出差错

无锡梁溪谜语研究会的同仁们，将拆解汉字、研究字谜当作一种乐趣，也当作一种事业。除了想为民众提供点文化娱乐之外，也很想在宏扬中华文化、普及汉字知识、在提高国民文化水平上做些贡献。

大事情不一定都由大人物来做，匹夫有责啊，所以马汉文和同仁们都热心于通过猜字谜来讲汉字。最近出了一套《字谜故事》丛书，正在校对，发现其中有一些差错。最搞笑的是书中多次将"差"字误印成"羞"字，这就引起了大家一番议论。

马汉文道："'差'字很复杂，读音又多，很容易出差错。金文上面是'來'，表示小麦，下面是'左'，本义指用手搓麦粒，这时读"cuō"。用手前后相搓不吻合，就引申为差错，这时读"chā"。因差别不大，又引申指差强人意，读"chā"。既有差错就显得不整齐，又引申指参（cēn）差（cī）不齐。因双手来回搓又引申指派遣出差，这时又读"chāi"。'差'与'羞'字形相似，所以常出差错。"

小陶说："上次我听南京奇人郑可鉴说过一件事。有人出差路过南京，特地找上门，请他用'出差'的'差'字，为他的一个项目预测一下前景如何。老郑对他说，'差'字是'羊'字头，'工'字尾，这是个吉祥字。最主要的是下面的'工'字，要他努力工作，不要指望空手套白狼，尽做无本生意。这个人又问他，跟人合作行不行呢？老郑告诉他，江湖上凡想不花力气赚大钱的人都没好下场。叫他别忘了'差'字底下有个'左'字。'左'字就是意见相左，最终翻脸不欢而散！"

众人听了，都说这是个很好的汉字故事，建议小陶整理一下，留待将来出书用。

小陶急了："我们光顾说故事，忘了'差'字的字谜还未敲定呢。现在只有一个'久病初瘥（chài）'的'瘥'字，这也深了吧？有几个人识'瘥'字？"

老马道："'着眼不到，工绩半失'怎样？"

这个字谜，就留待读者诸君去理解了。

把合在一起的 拆 开

　　"拆"字是个左右结构的形声字。左边的"提手旁"是形，表明这个字与手有关。右边的"斥"是读音。说到读音，不得不先说一下"斥"字。

　　古代的"斥"字，也是个形声字。外面是个"广"，里面的"屰"的读音是"chì"。外面的"广"表示房屋，里面的"屰"表示不顺。我们常用的"逆"字就是这么来的。小篆的"斥"字就像一个人从房屋里逆行而出，这就是被人驱逐、排斥的意思。后来字形变化成"斥"，已看不出原来的结构了。

　　现在的"拆"字由"提手旁"和"斥"组合在一起，依然有逆行、很不顺的意思。其本义是"裂开、分开"，有种天崩地拆的意味。既已裂开，这就表明已毁坏，所以"拆"字有把合在一起的东西打开的意思，如拆洗、拆信。还有拆毁，毁坏的意思，如拆墙、拆除。与此相关的词就更多了，如拆迁、拆卸、拆散、拆墙脚等。

　　"拆"字还有另一个读音cā，表示排泄（大小便）。南方人说的"拆烂污"，就是指不负责任、把事情搞糟了的意思。

　　"拆"字很容易读错写错，往往跟"折"或"析"搅混，必须记住，它是提手旁，"斤"字上多一点。

相关一点　政策大变——拆

几十年前，中国农村土地改革时期，一位党中央高级干部来到江苏，在农村视察。他在苏北淮安市一个村子里发现，当地政府把地主的房屋拆掉后卖了，再将钱分给缺房的贫雇农。

这个情景让中央高级干部大吃一惊，当即问："你们为什么不把现成的房子直接分给农民，而是要拆掉它？"

村干部委屈地说："我们也没办法，这是上级的规定。"

这位高级干部非常奇怪，因为土改政策里根本没有这一条规定。

后来经过调查才弄清楚，原来区政府的一位干部把上级文件抄错了一个字。党的土改政策规定，对地主的房屋可以"折卖"分给群众，也就是把房子折合成钱，按钱的多少，或者分房子，或者把房子卖了，然后按卖房所得，分钱给农民。如若把房子拆了，只剩下一些砖头瓦片或旧木料，那能值几个钱呢？可惜的是，这位区干部竟把"折"字写成了"拆"。虽然只是多了一点，但意思却相差甚远，致使村里一些好端端的房屋白白拆掉了。

烧火所用的草木——柴

　　"柴"字是个上下结构的形声字兼会意字。下面的"木"字是形符，表示跟草木有关。上面的"此"字读"cǐ"，作声符并会意。"此"字与"木"字组合，指"烧火用的草木"。因指的是烧火煮饭用的草木，所以古人用"木"字作柴字的形符。

　　古人为什么用"此"字作"柴"字的声符呢？

　　甲骨文的"此"字是个会意字，本义指"用脚踩了别人"，所以左边是个"止"字。后来引申指代词，表示"这个""这儿""此地"，由此及彼，彼此彼此。有那个和这个、不分彼此之义。而作为烧火的柴草不是单个，而是众多。柴多火焰高，众多的柴草聚在一起，也有彼此和彼此不分的意思，所以古人用"此"字作"柴"字的声符并会意。

　　楷书的字形由小篆演变而来，写作"柴"。

　　"柴"字的本义指"烧煮的柴火"，如做燃料用的树枝、杂草称"柴火"；柴和米称"柴米"，泛指必要的生活材料；用散碎木材等做的门称"柴门"，旧时比喻穷苦人家；引火用的小木片称"引柴"；还有打柴、劈柴、砍柴、柴油等词。

　　"柴"字也作姓氏用。

测柴字告诫秀才

中国的科举制度延续了一千多年，到了清朝，已完善到极致。科举考试可分几个阶段，院试考取者俗称秀才。

这儿说个刚参加初级考试的秀才，请测字名家范时行测乡试是否考中举人的故事。

范时行生于清朝乾隆年间，江苏苏州人。这一年院试后，昆山一位年轻秀才找上门来，自称姓"柴"，以姓求测，这次能否中举。

范时行让他写个"柴"字，这位秀才字迹潦草，字写得头大尾小。"文如其人"，瞧这字体，范时行已摸准这位柴秀才的学识高低了。他指着"柴"字拆解道："你说这'柴'字是你的本姓，本姓听来有本性之意。'柴'字上为'此'，下为'木'，有'此木为柴'的意思。人常说，十年树木，百年树人，人要成材，何等不易。'柴'与'才'谐音，亦与'材'谐音，'才'指人才、才能。木料之'材'指材料，也指不凡之人，栋梁之材。而阁下所测之'柴'为柴草之柴，此木不是大材大料，此谓先天不足，故而我劝先生对此次乡试不要寄予过高期待，再苦读几年，或许能中举。"

柴秀才问："我随父姓，跟乡试何干？"

范时行耐心解释道："你求测的是'柴'字，我以字说事。这'柴'字起笔就是个'止'字，'止'者，到此为止，就此完了的意思。再看'止'字旁边紧跟着个'匕'字。匕首即短剑小刀，以刀剑砍下面的木，这就是凶多吉少啊！"

柴秀才失望地说："那我只能当一辈子秀才啰？"

范时行道："也不见得，事在人为。这'柴'字上面的'止'字里隐含一个'上'字，旁边的'匕'字你可当作'七'字看。下面的'木'字拆开是十八。十八个月后当是七月乡试，你再考一次，可有上榜希望，先生不要泄气，蓄待来年吧。"

这一说，柴书生才转忧为喜。

单独用心思考——禅

　　"禅"字有两种读音，两种解读。

　　有人认为，古代的"禅"字是佛教用语"禅那"的简称，读"chán"，指独自一人静思之意。这是佛教的一种修行方法，如坐禅；僧徒居住的房屋，也泛指寺院称"禅房"；佛教的教义称"禅理"；佛门称"禅门"；对和尚尊称为"禅师"；佛教领悟教义称"禅悟"；佛教禅宗的教义称"禅学"；禅宗和尚说法时，用言行或事物来暗示教义的诀窍称"禅机"。

　　当"禅"字读作"shàn"时，又是另一种解读。

　　小篆的"禅"字可看作是个左右结构的形声字兼会意字。左边的"示"字作形符，表示与神灵祖先祭祀有关。古代的"示"字是象形字，像两块石头搭起来的石桌，是祭祀神灵用的祭台，用来摆放贡品和牌位。隶变后的楷书写作"示"。作偏旁时写作"礻"，俗称"示字旁"。

　　"禅"字右边的"单"字读"shàn"，也读"dān"，还读作"chán"。"单"字在这儿与"示字旁"组合，指"古代帝王举行的祭祀礼仪"。

　　古人为什么用"单"字作"禅"字的声符呢？因为古代的"单"字指一种木棍，头上分叉处各绑一块石块，用以增加攻击力来狩猎或作战斗武器，这种武器威力强大，所以"单"字有盛大之义。而"禅"是盛大的祭典，所以古人用"单"字作"禅"字的声符并会意。

　　隶变后的楷书写作"禪"，后简化为"禅"。

　　"禅"字的本义指"古代一种祭祀的盛大典礼"，后来引申指把自己的王位让给别人，也包括让给外姓，这就是禅（shàn）让、禅位、受禅。

巧解"备"字与"禅"字

　　说到"禅"字，我们很容易想到《三国演义》中的刘备和他的宝贝儿子刘禅。刘备是三国时代蜀国的创始者，他是东汉刘氏家族较远的一支宗室。东汉末年，他募兵参与镇压黄巾起义。在军阀混战中，他势单力薄，无立足之地，后来三顾茅庐请出诸葛亮辅佐，这才使力量逐渐扩大，又联合孙权，打败曹操，夺取了汉中，后来以汉宗室之名，在蜀称帝，建立汉国，史称"蜀汉"。刘备死后，诸葛亮辅佐刘禅。刘禅庸碌无能，是个"扶不起的刘阿斗"。蜀国灭亡后司马昭设宴款待他，还专门为他表演蜀汉地方歌舞，并问他："你想不想回蜀国了？"他说："这儿很好，我不再想蜀国了。"这就是"乐不思蜀"的来历。

　　为什么说这些？因为这跟下面的故事有关。在蜀汉末年，蜀国有位名叫杜琼的人曾经对他的好友谯（qiáo）周说过："古代的官职名称没有带'曹'字的。从汉代开始，官职名称都称'曹'。文官称为'属曹'，武官称为'侍曹'。这恐怕是天意吧。"

　　杜琼这话的意思是，眼下曹操的势力强大，曹魏政权有可能得天下，这恐是天意吧。

　　谯周明白他的意思，回答道："汉灵帝给他的两个公子取名史侯、董侯。后来他的子孙就被免去帝号而成为了侯。这跟你说的'曹'字是一个道理。"说到这儿，谯周话锋一转，直接说到蜀汉头上了："如今我蜀汉王朝也一样呀。先帝名'备'，'备'者是具备、准备、防备之义。后主名'禅'，'禅'者既读"chán"，也读作"shàn"，禅（shàn）者禅（shàn）让也，这个字是授予的意思。也就是说刘氏政权已经具备了，应当交给别人了。刘氏政权，恐怕在刘禅之后就没有继任者了。而'曹'字是众的意思，'魏'字是大的意思。人多而且地域广大，天下恐怕真的要集中到曹氏手中了。"

　　蜀国灭亡后，不少人认为，谯周的话太灵验了。谯周说："哪有什么灵验之说啊，我只是受杜琼的话启发，讲点儿感慨而已啊。"

用绳索绕合——缠

小篆的"缠"字是个左右结构的形声字兼会意字。左边的"绞丝旁"作形符，表示跟丝线绳索之类有关；右边的"廛"字是"廛"字简省的写法，这个字读"chán"，作声符并会意。

"丝"字与"廛"字组合，指"以绳索绕合"。就是用长长的绳子之类捆绕几圈。因为是用丝绳之类环绕，所以古人用"绞丝旁"作形符。

古人为什么用"廛"字作"缠"字的声符呢？

小篆的"廛"字是个会意字。外面是个"广（guǎng）字"，指山崖下没有前墙的敝屋。这个字的里面由"里"字和"八"字及"土"字三个字组成。"八"字是"分"字简省的写法。这三个字跟"广"字组合成"廛"，指的是里中之屋，分土而居之。这话的意思是"里巷里的住宅"。隶变后楷书写作"廛"，作偏旁写作"廛"。这个字的本义是"古代城市平民一家住的房子"，属于"祖屋"。既是自家祖屋，轻易不会离去，就有紧紧缠绕不放松的意思，所以古人用"廛"字作"缠"字的声符并会意。

楷书的字形由小篆演变而来，写作"纏"，现简化为"缠"。本义指"绕、围绕"，如古代女子从小就要用布带把脚裹小，这就叫"缠足"。还有缠线、缠绕、缠绑等词。

"缠"字由本义引申指"纠葛、搅扰"，如缠扰、杂事缠身、纠缠不清、缠缠绵绵、胡搅蛮缠。

"缠"字由"搅扰"引申指"应对"，如这件事很难缠。

腰缠万贯

"缠"跟"腰"字组合在一起就是"腰缠",指腰眼里缠着别的物体。这个物体若是金银财宝,那便是"腰缠万贯家财"了。

古代的钱币是用铜、铁等金属制成的,中间有个方孔,所以古人称钱为"孔方兄"。人们常用绳索将这些钱币串吊起来。穿钱的绳索叫"贯",一千枚钱币串在一起叫"一贯钱"。有种古钱叫"十五贯"。十五贯即十五串钱,如此算来有一万五千枚钱币,算来够重的了。古时没有信用卡,也没有银行支票之类的东西,即便纸币,也是后来才有的。人们外出旅行或办事,只能把成串的铜钱盘起来,然后依串钱绳索的长短,缠绕在腰眼上,这样既方便携带,又较为安全。因此古人将这又"盘"又"缠"的旅费叫"盘缠"。即使到可刷卡使用的今天,许多人还习惯性地把外出旅行的费用称之为"盘缠"。

我们常在古典小说中看到"盘缠"一词,但很少看到计算其重量的文字。若是按一串铜钱以一千枚计算的话,该有多重啊。

有句俗语"腰缠十万贯,骑鹤上扬州",指腰里装着许多钱,骑着仙鹤到扬州去遨游,以此形容既想拥有巨额钱财,又想成为神仙,还有当高官的贪心妄想。人们斥责这种想法是:"天下美事,安有兼得之理……既欲达官,又欲为仙,安人是理邪?",指出:"世上哪有这种道理的?"

古往今来,确实有不少想"天下美事,兼而得之"的人,这种人自私自利,为了达到自己的目的,凡事斤斤计较,是最难缠的人。在这里,"缠"字就有"纠缠""应付"的意思,还有"困扰、骚扰"的意味。在南方方言中,"难缠"这一词经常用到。

"缠"字除了作动词用,也作形容词用。对一些病人或沉浸在某种感情之中的人,就常用"缠绵"一词来形容,如缠绵病榻、情意缠绵。在形容婉转凄切的诗文或音乐时,人们也常用"缠绵悱恻(fěi cè)"这一成语来形容。

神经失常的人——伥

　　"伥"字是个左右结构的形声字兼会意字。左边的"单人旁"指"人"，作形符，表示跟"人"有关。"伥"字右边的"长"字读"cháng"，作声符并会意。

　　"人"字与"长"字组合，指"神经失常的人"。因指的是神经失常的人，这跟人有关，所以古人用"人"字作"伥"字的形符。

　　古人为什么用"长"字作"伥"字的声符呢？

　　甲骨文的"长"字是个象形字，字形像个长发老人手拄拐杖的样子，字形突出了"长发"，写作"長"。那三横即表示长发。本义为年长（zhǎng）者的长（cháng）发。神经失常的人往往疯疯颠颠，披头散发，有的显得很疯狂，所以古人用"长"字作"伥"字的声符并会意。

　　楷书的字形由小篆演变而来，写作"倀"，现简化为"伥"。

　　"伥"字的本义指"狂"，又用来表示"伥鬼"。"伥鬼"作名词用，指传说中被老虎咬死的人所变成的鬼，这个鬼不敢离开老虎，反而给老虎做帮凶，这就是成语"为虎作伥"，用来比喻做恶人的帮凶，帮助恶人干坏事。

为虎作"伥"

宋朝李昉等所编纂《太平广记》第四百三十卷中写道："伥鬼，被虎所食之人也，为虎前呵道耳。"宋朝孙光宪在《北梦琐言》一书中写道："凡死于虎或溺于水之鬼号为伥，须得一人代之。"明朝人张自烈写的《正字通》，在解释"伥"字时，也提到这一传奇故事。清朝人筱波山人在《爱国魂》一书中写道："为虎作伥，无复生人之气。"

在宋朝至清朝一千多年间，这个故事一直流传，可见渊源之久远。那时，人少地广，老虎吃人恐怕是常有的事，否则就不会有谈虎变色、如虎添翼、养虎贻患这些词了。

综观历史记载，我们可大致想象到"为虎作伥"这一词的来历。

不管是山民还是过往旅客，万一碰上老虎被咬死或吃了，那这个人的灵魂就变成了老虎的附庸，这种鬼就叫"伥鬼"。"伥鬼"把老虎当作主子，必须死心塌地忠心耿耿地当虎的奴才。这些鬼称老虎为"大将军"，一切听从"大将军"的指使。老虎外出捕食时，伥鬼必须走在前面为老虎探路，发现猎人布下的陷阱，伥鬼就领着老虎绕道而行，免受伤害。看到山里有人，老虎在捕食前，伥鬼先上前将这人抓住，扒光他的衣裳，再请"大将军"来吃。所以凡是遇到老虎的人，在被虎吞食前，他的腰带及衣服扣子，全都自动脱落。衣服会一件一件自动脱下来，这些都是"伥鬼"在暗中为老虎所做的。这些被老虎吃掉的人，他的灵魂很快就变成了一个新的"伥鬼"，由它接替原先的伥鬼。原先的"伥鬼"因为有了替死鬼，他自己便脱身了。新的伥鬼继续为老虎服务，待老虎吃了人，有了新的替死鬼后，他才可脱身，如此这般，延续下去……

"为虎作伥"就成了个成语，用来比喻心甘情愿为恶势力或邪恶者当帮凶，这种人最为可恶，也最为可耻。人们对"汉奸"的痛恨，原因也在于此。

赞美太阳——昌

　　甲骨文的"昌"字是个上下结构的会意字。

　　上面是"日"字，下面是个"口"字。后来下面的"口"变成了"曰"字。

　　"日"和"曰"组合在一起，为什么就是"昌"呢？

　　大家都知道，"日"就是太阳。"曰"和"口"一样，就是说的意思。在这儿，可当歌唱、赞美讲。赞美什么？赞美光芒普照，给人温暖的太阳，所以"昌"的本义就是"美言、赞美"。后来，由"美言、赞美"又引申为"兴盛"，如繁荣昌盛、昌明。

　　有人充分发挥了想象力，认为"昌"字下面的"曰"是呼喊的意思。在远古时代，人们共同劳动，共同生活。大伙儿吃住在一起，每当早晨太阳升起时，领头的人就会大声喊："太阳出来啰，大家起床吧，快去干活呀！"于是，人们纷纷起床，热火朝天地干活去了。

　　可以想象，那么多人在一起干活，是何等的热闹，何等的兴旺！这番景象，不就是兴隆昌盛么？

　　如若据此再作推理，这招呼大家起床的人，就是头儿。他喊话时的声调有高有低，有长有短，就像唱歌似的，所以"昌"字加上"口"就变成了"唱"。这个头儿引导大家起床，所以加个单人旁就是倡导的"倡"。

天无二日——昌

从前有个太子，他看到父王病情严重，预料自己不久将继承王位。这时，他就开始琢磨，当上皇帝后，以什么字来作为自己的年号？

太子想来想去，认为"昌"字最好。这是个吉祥字，繁荣昌盛、兴旺发达。于是他决定以"昌顺"二字为自己的年号。

他把自己的想法跟几个亲近的大臣说了，大臣们都点头称是。这事儿就这么定下来，一等继位，就向全国宣布。

服侍太子的是个小太监。他听说此事后，趁陪太子散步的机会，对太子说："小人有一言，不知当讲否？"

太子说："但说无妨。"

小太监说："以小人之见，这昌字是由两个'日'组成，乃二日之和。这天无二日，国无二主，以昌字为年号，恐怕不吉利吧？"

太子一听，顿时愣住了，连声说："哎呀，这我倒没想到，确实该重新选个年号！"

说罢，他匆匆去召集心腹大臣们商讨了。

人和高等动物的**肠**子

　　小篆的"肠"字原先写作"腸"，这是个左右结构的形声字兼会意字。左边的"肉月旁"作形符，表示跟"肉"字有关。

　　"腸"字右边的"昜"字读"yáng"，作声符并会意。

　　"肉月旁"跟"昜"字组合，指"人和高等动物的肠子"。

　　因是指人的肠子，这和"肉"字有关。甲骨文的"肉"字是象形字，字形像切下的一大块供食用的、禽兽的肉形。金文承接甲骨文，偏旁多加出一道瘦肉的纹路。篆文使其整齐化。隶变后的楷书写作"肉"。作偏旁时大多在字的左侧，写作"月"，遂与"月亮"的"月"混同，于是称"肉月旁"。凡从"肉月旁"取义的字皆与"肉"有关。所以古人用"月"字作"肠"字的形符。

　　古人为什么用"昜"字作"肠"字的声符呢？

　　甲骨文的"昜"字是个会意字。上面是"日"字，表示太阳。下面的"勿"字是阳光从云层射出的形状，表示云开日出之意。金文又加了几道光。隶变后的楷书写作"昜"，今作偏旁时写作"⺆"，这是"太阳"的"阳"字的本字，是最早的"阳"字。因"阳"有"明显"之意，而肠子在腹中长而弯曲，也有明显易见之意，所以古人以"昜"字作"腸"字的声符。

　　隶变后的楷书写作"腸"，现简化为"肠"。

　　"肠"字的本义指"人和高等动物的消化和吸收的主要器官之一"，如肠和胃统称"肠胃"，还有大肠、肠子、肠腔、直肠、肠炎、断肠、肥肠、回肠、枯肠、盲肠、心肠、香肠、直肠、热心肠、古道热肠、牵肠挂肚、一诉衷肠、饥肠辘辘等词语。

“肠”和“断肠”

  距今一千七百多年前的东晋时期，有位文士名叫干宝，他编写了一部志怪小说集《搜神记》。书中故事大多讲述神道仙术、巫妖鬼怪、殊方异物、宗教迷信，但也保留了不少民间传说，为后人提供了大量创作素材。

  在《搜神记》卷二十记载了这么一段故事：

  古时临川东兴城外山脚下，有一猎人进山打猎，在一棵大树根下的树洞里，发现一只嗷嗷待哺的小猿，山里人有个习俗，常将捉到的猿猴狐獐之类，拿到城里卖个好价钱，贴补家用。活物价格大，若是死了的，则剥皮制成毛皮卖钱。

  猎人见小猿是生下没几天的样子，料定母猿就在附近觅食，他便将小猿抱起，一手握长矛自卫，且走且退往家走。他要引诱母猿，将其击杀，剥皮卖钱。

  小猿“吱吱”呼叫，母猿闻声追赶，步步紧逼。

  这猎人是个心狠手辣、毫无人性的家伙，死在他手下的狗兔野猪之类已不计其数。今日他见母猿尾随而来，存心要将其捕获发财。他便将小猿捆绑在自家院里槐树上，母猿看到后，跳进院内，绕着小猿转了一圈，然后像人一样双臂拍打自己的脸颊，向猎人苦苦哀求。母猿悲伤乞怜的样子，看上去，真是急得六神无主，有口难言，哀嚎不已。

  毫无人性的猎人竟然挥起手中长矛，一阵乱戳（chuō），将小猿活活戳死。母猿在一旁狂叫狂跳，嚎叫不已，最后猛的一头撞向槐树，头顶裂开，脑浆迸裂，倒地而亡。

  猎人见母猿已死，将其剖腹剥皮，待剖开母猿肚子一看，其腹腔里的肠子，都一寸一寸地断裂成一小节、一小节……

  这段故事，在南北朝时南朝文士刘义庆所编著的《世说新语》中亦有记载。后人将母猿断肠的悲惨情节组成“断肠”一词，用以形容悲伤、痛苦到极点。成语“肝肠寸断”“肝肠寸绝”“肝肠寸裂”等均源自于此，都是同一意思。

裙子 常 常 穿身上

　　"常"字是一个形声字,上面是它的声旁,下面的"巾"是它的形旁,表示这个字与丝织品有关。"常"的本义是"裙子"。

　　我们可以试想一下,古人在夏天由于没有任何降温措施,只好靠脱衣服来降温。可是下身的裙子是不会脱下的,是常常穿在身上的,所以"常"就表示永久、永恒的意思,如"常德"是指"始终不变的品德"。

　　"常"在古代还有规则、规律的意思,封建社会宣扬的所谓恒久不变的人与人之间的关系准则,即"伦常",如三纲五常。

　　"常"也是古代的长度单位,一丈六尺为常。

　　一般、普通、正常也称为"常",如常时、常言。"常"还有经常、常常的意思,如常规、常见面、常备药品、常备军。

东晋·王献之《淳化阁帖》

唐·褚遂良《伊阙佛龛碑》

《木简》　　东晋·王涣之《淳化阁帖》　唐·柳公权《玄秘塔碑》

大年初一讨吉利——常

民国年间，常熟城里有位信佛的张居士。此人家底厚实，不愁吃穿，常有信佛的人上门聚会。

张居士最爱听吉利话，特别是逢年过节，更是喜欢听人说些福禄寿喜之类的吉言，以求平安康乐。

这年大年初一，放罢爆竹，大门刚打开，就有三位客人来拜年。张居士迎上去，问第一位客人："先生贵姓？"

这客人答道："在下免贵姓洪！"

张居士赞道："好哇，新年大吉，先生鸿运高照、鸿图大展呀！"

客人纠正道："我是洪水猛兽的'洪'。左边是引来祸水的三点水，右边是'不共戴天'的'共'字！"

张居士听了，心中不快，但仍强作欢颜，问第二位客人："先生贵姓？"这客人答道："免贵姓屈！"

张居士赞道："好哇，好哇，洞房花烛，娶妻生子，天伦之乐！"

这位客人解释道："不，我是'尸体'的'尸'字里面加个死了人出殡的'出'字！"

张居士听了，气得脸都青了，冷冷地问第三位客人："先生，你贵姓啊？"这客人答道："免贵姓常！"

张居士高兴地说："好啊，长命百岁，延年益寿！"

这客人解释道："不，我姓的常，是死了老婆出家当'和尚'的'尚'字，抠掉里面的'口'字，加上吊死鬼的'吊'字……"

这人话没说完，张居士已气得昏倒在地了。

归还欠别人的钱——偿

　　古代的"償"字是个左右结构的形声字兼会意字。左边的单人旁是形符，表示与人有关，右边的"赏"字读"shǎng"，作声符。两形合一，指"归还欠别人的钱"，所以用"人"字作形符。

　　古人为什么用"赏"字作"償"字的声符呢？

　　古代的"赏"字是个上下结构的形声字兼会意字。上面的"尚"字是声符，读"shàng"，下面的"贝"字是形符。两形合一，表示"以财物宝贝奖赏有功的人"。还人债务的同时，也要感谢借给你债的人，说些赞赏的话，所以"償"字用"赏"字作声符并会意。

　　"償"字在发展过程中，有过较大的变化。

　　金文曾假借"奖赏"的"赏"字为"償"还的意思，这就是说，"赏"字就是最早的"償"字。小篆为了区别于"赏"赐的"赏"，便在"赏"字的左边加了个单人旁，以此作形符，"赏"作声符，表示"償"还的意思。

　　现行简化字写作"偿"，用"尝味道"的"尝"字作声符，这个字读"cháng"，用单人旁作形符。这个"偿"字就尝不出多少"償"还的味道了。

　　"偿"字的本义指"归还、抵补"，如偿命、偿还、偿付、报偿、补偿、代偿、抵偿、赔偿、无偿、得不偿失。

　　"偿"字由本义引申指"满足、实现"，如如愿以偿、偿其大欲。

追寻灵通宝玉——偿

凡读过《红楼梦》的朋友，都知道书中主角贾宝玉，他生下来就有一块通灵宝玉。据说，贾宝玉佩在身上的这块宝玉，不知怎的，忽然不见了，这还了得！贾府大管家林之孝急得六神无主，便去街头找摆测字摊的刘半仙求测。

大管家与刘半仙彼此熟悉，说明来意后，刘半仙取出布袋，让他从布袋里拈个字。大管家伸手一摸，拈出个"偿"字。

刘半仙一看"偿"字，拿大管家开玩笑："哎呀呀，你真是个见钱眼开的人呐！"

说笑归说笑，刘半仙还是认真解释道："今日你拈得'偿'字，算你运气。你一人而来，就算单人旁吧。我要测的重在右边的'赏'字。'赏'字上面是个'小'字，下面有个'口'字，可见丢失之物很小。小到什么程度？口中放得下，想必是珠子宝石之类，这也就是下面'宝贝'的'贝'字。而这'贝'字拆开不就成为'看得见'的'见'字吗？凡此都一一验证你家小主人的宝石确实丢失了。"

大管家听了，急得直跺脚："哎呀，这都是我跟你说的，还用得着你来测吗？我要问的是，这宝玉今在何处？该到哪儿去找啊？"

刘半仙故意卖关子，不急不忙地说："莫急，我正要告诉你。你看这'赏'字头可像是'当'字？"

大管家急着问："'当'字与这事有何干？"

刘半仙拍拍大管家的肩膀，神秘地笑笑："这宝玉被人偷了，送到当铺换钱了，你快到当铺去查找吧。你只要多给赏钱，就有人会帮你，这就成了'偿'。只要找到当铺，就能找到来赎宝玉的人，你就能从这人手中赎回宝玉。换言之，不就是偿还宝玉了吗？我说了这么多，难道你还不明白吗？"

大管家一听，对刘半仙拱手作揖，连声说，找到宝玉，定有重谢。

据说这宝玉丢失，原是一和尚所为。有人据此制作一谜面为"和尚一人盗宝"，谜底为"偿"字。

用手抓起东西——抄

"抄"字是个形声字，本义指"用手指取东西"。左边的提手旁是它的形，表示这个字与"手"有关。右边的"少"是它的读音。

也有人认为，"抄"字是个形声兼会意字。提手旁表示此字与手的动作有关。

"少"读音是"shǎo"。为什么用"少"作音符？因为"抄"的本义指"用手持匙子或筷子抓取食物"。而用匙子或筷子取物不会多，表示很少，所以"抄"字从"少"声，并会意。

这与前面说的"用手指取东西"很相近。试想，用手指取东西，也不会多到哪儿，所以这两种说法，都有道理。

"抄"字与手有什么关系？是手的哪种动作？这要细加分析。

"抄"有誊写的意思，如抄写、抄袭。

"抄"有搜查和没收的意思，如抄家、查抄、抄身。

从侧面或较近的路过去，这叫"抄近路"。

将两手在胸前相互地插在口袋里，这叫"抄着手"。

"抄"字还有抓起、拿取的意思，如抄起一把铲子、抄起家伙。

嘉庆皇帝发密令——抄

乾隆皇帝在世时，对和珅十分宠信，和珅便借此机会纳贿舞弊、贪赃枉法，搜刮了数不尽的金银财宝，朝廷上下无不对他恨之入骨，但都敢怒不敢言。

嘉庆四年正月初三，八十九岁的乾隆终于一命呜呼。

三天后，嘉庆皇帝突然宣布了和珅的二十七大罪状，随即召来御史王念孙，叫他伸过手来，提笔在他手心写了个"少"字。王念孙是著名的语言学家，马上领会了皇帝的意思，高呼"领旨"，然后飞快离开皇宫。

满朝文武百官面面相觑，不知道王念孙究竟领的什么旨。等退朝之后，他们忽然听说王念孙已经以迅雷不及掩耳之势，把和珅府抄了个底朝天。

这是怎么回事呢？原来，嘉庆皇帝深知和珅耳目众多，唯恐这边查抄圣旨一下，和珅那边就得到了消息，会有所防备，所以趁众人朝见时，突然宣布和珅的罪名，然后派为人正直的王念孙去执行抄家使命。

他在王念孙的手心里写个"少"字，意思是"手"加"少"，"抄"也，王念孙自然一看便明白了。

111

跳过去——超

"超"字是个形声字，左边的走字旁是它的形，表示这个字与行走有关，右边的"召"是它的读音。

"超"字与行走有关。关键在于这是什么样的行走。

看来，这种行走的动作很猛烈，它不是慢慢地走，也不是快步地走，而是跳跃式的跳着走。因为只有快速跳跃，才能超过前面慢慢地或快步走的人。由此看来，"超"字的本义就是"跳"。

由于"跳"的动作很快，所以就容易超过别人，这就是超越、超出。

由于超过了，已越过了原有的范围，如年龄、数字、速度……所以"超"字就有超龄、超额、超员、超产、超速这些词。

由于超过了，就显得不同寻常，所以就有超级、超级市场、超级大国这样的词。

在某个范围以外的，不受限制的事物，称为超自然、超现实、超阶级。

由于"超"字具有超越别人的意思，所以就显得不同凡响，如超脱、超凡入圣、超群出众。

金文

小篆

隶书

楷书

北魏《杨大眼造像记》　　　　　唐·孙过庭《书谱》

召见后便出走——超

　　章太炎先生是清朝末年的国学大师，又因宣传反清思想名重一时。

　　有一天，章太炎先生忽然心血来潮，戏称要为当时的名人测字。话音刚落，马上有人请他测测梁启超的"超"字。

　　章太炎先生略一沉思，笑着说道："这个'超'字拆开是'走'和'召'，分明就是说召见后便要出走嘛。"

　　章太炎说这番话是有历史原因的。

　　清朝末年，外国列强企图瓜分中国，康有为、梁启超等人推行维新变法运动。公元1888年至1898年，康有为等人七次上书光绪皇帝，要求变法。光绪皇帝认同维新派的观点，就召见康有为和梁启超，支持他们变法。

　　不料，变法遭到顽固派的反对，加上袁世凯的叛变，慈禧太后软禁了光绪皇帝，又下令捕杀维新派人士。谭嗣同等人被杀，梁启超逃到日本。所以章太炎说他"召"见后便出"走"。这句话中含有讽刺的意味。

树上的鸟窝——巢

　　甲骨文、金文和小篆的"巢"字都是上下结构的象形字兼会意字。甲骨文和金文的字形，下面是"木"字，表示树木。木字上面是"甾"字，这个字读"zī"，本为用竹木编的草器，本义指"用竹木编的盛物的草器"。

　　"木"字与"甾"字组合，指树上的"鸟窝"。这鸟窝的形状跟这盛东西的草器相似，所以古人用"甾"字跟"木"字相结合来指"鸟窝"。

　　小篆的字形将"巢"字的上缘与"巢"断开，于是后人便将此误解为这是露出来的三只小鸟的头。

　　楷书的字形由小篆演变而来，写作"巢"。

　　"巢"字的本义指"鸟窝"，也泛指蜂、蚁、狗的窝，如马蜂窝、蚂蚁窝、蛇窝、狗窝、狼窝等。

　　"窝"字由本义引申指"盗匪或敌人集聚的地方"，如匪巢、巢窟、巢穴、倾巢出动。

鱼钻鸟巢鸟戏水

据说清朝康熙年间，有位巡抚在贵阳风景名胜甲秀楼赏月。甲秀楼始建于明朝万历年间，这三层三檐的宏伟高楼，建在贵阳城南南明河中的一块壮如巨鳌的大石头上。从楼上向下看，岸上的景色倒映在河水中，这位巡抚颇有文才，他见此情景，吟成一句上联：

权影横江，鱼遊枝头鸟宿浪；

这上联将人们的视线引到江水的倒影中。江中倒影中有树、有鸟，还有鱼儿，这就形成了鱼在树枝间游，鸟在浪花中息的奇特景象。巡抚悬赏征下联，但无人敢应。后来有位小神童来应征，他来见巡抚，挥笔写下：

山色倒海，龙吟岩畔虎眠滩。

到了乾隆年间，据说有一年中秋节，大学士纪晓岚陪乾隆游水月寺。水月寺中有一池塘，乾隆见一轮明月倒映在池水中，便吟出一上联：

水月寺鱼遊兔走；

纪晓岚略一沉思，对出下联：

山海关虎啸龙吟。

上下联对仗工稳。上联意境内优美，水中鱼儿在游，兔儿在走动。也有人认为，"兔"字只指月，并非指兔子。其实，思路尽可开阔些，月宫中既有嫦娥、玉兔和吴刚，兔子倒影在水中走动有何不可呢？

这下联虽对仗工整，但缺了上联的意境。

在明朝洪武年间，苏州有位才女征联择婿，出句为：

柳映池中，鱼钻鸟巢鸟戏水；

据说这下联无人应对，苏州才女削发当了尼姑。

江河流向大海——潮

  "潮"字，是个左右结构的形声字兼会意字。左边的三点水是形符，表示跟水有关，右边的"卓"字是"朝"字简省的写法，省略了"月"字。这个字作声符，读"cháo"。这两个字形组合在一起，表示大量的水流，就像诸侯朝见天子一样，从四面八方奔向海洋。隶变后写作"潮"。"潮"字的本义指"江河流入大海"。

  也有人认为，小篆的"潮"字是个左右结构的形声字兼会意字，由水和日出草间两部分组成。"水"作形符，表示跟水有关，"朝"字简省的写法作声符，读"cháo"。这两个字形组合在一起，表示海水的涨落。因指海水涨落，所以用三点水作形符。古人为什么用"朝"字作"潮"字的声符呢？因为"朝"字有"向着"的意思，而"潮"指水向着大海涨落，所以"潮"字用"朝"字作声符并会意。

  "潮"字的本义指"海水因受日月引力影响而定时涨落的现象"，如潮水、潮流、潮位、潮汐、潮动、暗潮、低潮、高潮、海潮、来潮、涨潮、退潮、浪潮、钱塘潮等。

  "潮"字还由本义引申指"潮湿"，如潮气、返潮、防潮、回潮、受潮。

  "潮"字作形容词用，表示时髦、新潮，如这种打扮很潮、潮男、潮女。

  "潮"作方言用，形容成色低劣，如潮银、潮金。也指技术不高，如手艺潮。

  "潮"字指广东潮州。

  "潮"字也作姓氏用。

跟大潮的亲密接触

这天，无锡东门中学的杨老师，在讲到课文关键字"潮"字时，出了几个字谜让大家猜。

他先出了个"黎明的河边"。金一鸣马上说："这是'潮'字"。

杨老师又出了个"日月潭边二十载"。牛皮·唐说："这也是'潮'字。"三点水指潭水，右边月字，当中有个日字表示日月，还有两个'十'字表示二十年。"

杨老师又说："好，我出个最难的——'湖中倒影'，你们不仅要猜得出，还得说出道理。"

小才女杨莎莉说："还是那几个元素呀。"说着，她走上讲台，在黑板上写了个大大的"潮"字，指着当中的"卓"字说："这多么像湖中的倒影啊。"

同学们享受了猜字谜的乐趣，杨老师又出了道题："有谁能说说跟'潮'字亲密接触的事么？"

牛皮·唐立马说："今年我们全家到钱塘江看大潮，那场面真是令人震撼呀。大潮滚滚奔涌而来，好像千军万马，势不可挡。山呼海啸，汹涌澎湃，长江后浪赶前浪……"

刘坤培纠正他："你前面模仿得很好，最后一句错啦，应该是钱塘江啊。你说的是江潮，暑假我到海边大舅家，在海潮中差点送命呢。"

他这一说，同学们惊呆了。刘坤培说："当时海边沙滩一望无际，看不到海水。我赤脚在沙滩上往大海深处走去，小表弟在岸边大声喊我快往回走，说快涨潮了，我看四周，一片金黄色的沙滩，心中好笑，除非天上下雨，沙滩上哪有水啊。我头也不回地向大海深处走啊走，忽然发觉脚底下湿了，凉飕飕的。再一看，海水浸没脚面了，我吓得转身往回跑，哎呀，海水从沙滩下面冒出来，眼前变成白茫茫一片了。沙滩上形成许多小水沟，我不知往哪儿走才好。我吓得快哭了，多亏小表弟，他七拐八绕，从岸边奔下来迎接我，还大声呼叫着，叫我原地站着别动，等他过来救我。我尝到了大海的威力，跟涨潮的'潮'字，有了一次亲密的接触！"

边烧边翻动食物——炒

　　"炒"字原先写作"煼"，这是个左右结构的形声字兼会意字。左边的"火"字作形符，表示跟火有关。"炒"字右边的"煼"字读"chú"，作声符并会意。

　　"芻"字与"火"字组合，指"把食物放在烧得很旺的锅里反复翻动，使食物变熟"。因是指在烧得很旺的锅里翻动，这跟火有关，所以古人用"火"字作"炒"字的形符。

　　古人为什么用"芻"字作"炒"字的声符呢?

　　在甲骨文中，"芻"字是个会意字，字形是从"又"从"草"，"又"表示"手"，与"草字头"组合，表示用手割草之义。金文大同。篆文使其整齐化。隶变后的楷书写作"芻"，如今简化为"刍"。"刍"字的本义为"割草"。这种草供牛羊吃，一般都是短而干枯的草。而"炒"菜不停地翻动，动作快，时间短促，使食物快熟，这跟给牛羊吃的短而干枯的草是相似的，所以古人用"刍"字作"炒"字的声符并会意。

　　隶变后的楷书写作"炒"。"炒"字的本义指一种烹调方法。如蛋炒饭、炒面、炒花生、炒麦粉、暴炒、清炒、热炒。

　　"炒"字由本义引申指"倒买倒卖"，如炒外汇、炒货、炒股、炒地皮、炒房等。

　　"炒"字由本义又引申指"解雇"，如把他炒了。

　　"炒"字也指"操弄"，如炒作新闻。

大诗人自我"炒作"

"炒作"也属动词，指频繁地买进卖出，制造声势，从中获利。

可供炒作的东西很多，如房地产、期货、演艺明星、宝物、书画珍品等都可用来炒作。数十年前，英国一家拍卖行拍卖一张极珍贵的"一便士"邮票，价值连城，因为世界仅存两张。这张邮票被一位大富豪以巨资拍下，但他当众将刚拍下的邮票点火烧毁。众人惊奇万分，但富豪喜笑颜开。因为另外一张邮票就在他手中，这样一来，他手中这张就成了世界唯一的"一便士"邮票，其价格可想而知。这便是炒作。

"炒作"一词，成了近年来的热门词。其实，炒作手段古已有之，其炒作艺术不亚于今日。

唐朝有本书《独异志》，专记奇人奇事。其中，有一篇是记大诗人陈子昂自我炒作的奇闻。

读过《登幽州台歌》的读者也许记得："前不见古人，后不见来者。念天地之悠悠，独怆然而涕下。"这千古名句，不知打动了多少人。

陈子昂虽有诗才，也有佳作，但不为人所知，得不到社会的承认。他当时只是个默默无闻的小青年，刚从家乡四川来到京城长安，他的诗作无人赏识，就这样度过了十年苦闷的时光。正当陈子昂一筹莫展时，一典当行出售一架价格昂贵的古琴，因典当者无钱赎回才被拍卖的。长安城里不少富豪纷纷赶来察看，都因价格奇高而作罢。陈子昂见此，灵机一动，买下琴，并当众宣布，将择一吉日，在家中为知音现场演奏，让大家一饱耳福。

经陈子昂大肆宣传，长安众多名士纷纷前来欣赏。在演奏前，陈子昂作了番慷慨激昂的演说，说自到京城十余年，写出大量诗文，却无人问津，而这一架古琴，却引来这么多人欣赏，此琴怎能与子昂诗文相比？说罢，他将重金购得的古琴用脚狠狠踏碎，随后将自己的诗文赠送给在场的人。结果可想而之。按《独异志》一书描述："诗文遍赠会者。会既散，一日之内，声华溢都。"这就是说，此琴一砸，他一夜成名，京城无人不知。不久他还被聘为官员。

这就是"炒作"。

陆地的交通工具——车

甲骨文

金文

小篆

隶书

楷书

甲骨文的"车"字是个象形字，字形就像一辆古代车子的俯视图。上面是驾辕的横木，供驾车人乘坐，中间一条长线是车辕，下面左右两边的两个圆形是车轮，车轮当中的方形是车厢。这是一个车辕、车轮、车厢一应俱全的车子图形。

金文的字形加以简化，只留下车厢和两个车轮的俯视形。

小篆的字形由金文演变而来，增加了车轴伸出来的两端。隶变后的楷书写作"車"，如今简化作"车"。

"车"字运用广泛，是部首字，作偏旁用，又可单独使用。凡以"车"字取义的字，都与车辆等义有关，如轨、轩、轮、转、轿、辆、载等。

"车"字的本义指"陆上的交通运输工具"，如汽车、马车、火车、卡车、客车、列车、轿车、班车等。人在骑车、拉车、推车时用手把住的部分称"车把"，大车前部驾牲口的两根直木称"车辕"，穿入车轴辘承受车身重量圆柱形零件称"车轴"，车辆经过时车轮压过在道路上留下的凹陷痕迹称"车辙"。还有车厢、车门、车胎、车皮等词。

"车"字由本义引申指"用轮轴转动的机器"，如车床、纺车、车间、绞车、水车等；由上义引申指"用车床切削东西"，如车刀、车工、车光、车圆等词。

"车"字是个多音字，读"jū"时，指象棋棋子中的"车"。这就是"舍车保帅"和"车马炮"。

断头将军　岂可复职——车

明朝天启年间，福建惠安有位测字名家郑仰田。明朝末年，朝政腐败，时局不稳。那时郑仰田客居杭州，开了家测字馆。

一天，馆里闪进一个家丁模样的人，只见他在手心摊开一枚象棋棋子"车"，请测官运如何。郑仰田打量了他一眼，接过棋子说："恐怕不是为你自己测字吧？这人肯定是个大人物啊。"来人小心问道："先生何以得知？"

郑仰田指着"车"字说："这'车'字拆开有'一甲'之象，难道不是贵人吗？"

来人点头称是，连说："只想问问主人官运如何？"

郑仰田责怪道："要问官运得他自己来。他让你带这象棋子儿来，表明这枚棋子已经出局了。在棋语中，'车'读"jū"。在棋局中，除了'将'与'帅'，数它最威风，横冲直撞，所向无敌。现在出局了，落在他人手中，还谈什么官运呢？再说这是象棋子，象棋是越下越少，还有什么前途呢？若是围棋子，越下越多，也许还有点余地。"

来人不服，为主人辩解道："我家主人也是统帅过千军万马的，打过胜仗的……"

郑仰田手中翻动棋子，问道："你家主人姓车（chē）吧？"来人惊问道："你怎么知道的？"

郑仰田摆摆手，正色道："我对你家主人一无所知。但就'车'字来看，有阵前脱逃之嫌。"说罢写了个"阵"字说："'阵'字前面的耳朵去掉为'车'，这不是阵前逃脱吗？"

来人又辩道："那还是将军当小兵时的事……"

郑仰田问道："你知道将军的'军'字怎么写？"

来人比划着说："'车'字头上加个秃宝盖头！"

郑仰田拍拍他的肩，说道："对了，这将军的'军'字少个头，'车'字属断头将军，头已断，怎能复职？他虽想转身复职，这'转'字里虽有'车'字，但已残缺不全。他若能官复原职，除非咸鱼翻身。"

用手将物撕开——扯

"扯"字是个后起字，在《说文解字》中未收入。

小篆的"扯"字是个左右结构的形声字兼会意字。左边用作形符，表示跟手的动作有关。右边作声符，这个字读"shē"。这两个字形组合在一起，指"用手将物撕开"。用手将物撕开这个动作必须用手，所以"扯"字用提手旁作形符。

古人为什么用"奢"字作"扯"字的声符呢？因为"奢"字有十分过份的意思，如"奢望"，就是过分的希望；花费钱财过多称"奢侈"，"奢"字用在这儿表示撕开一样东西必须用大力气，这也有过分之义，所以"扯"字用"奢"字作声符并会意。

楷书的字形由小篆演变而来，写作"撦"。与这"撦"字同时存在的"扯"字是个俗体字，现在作了楷书的正规写法。

"扯"字的本义指"把物撕开"，如把墙纸扯了。

"扯"字由本义引申指"拉"，如拉拉扯扯、扯后腿、牵扯。

"扯"字由"撕开"引申指"随便谈谈"，如说假话称"扯白"，也称"扯谎"，还有胡扯、瞎扯、闲扯。闲扯、胡扯统称"扯淡"，无原则的争论、争吵称"扯皮"，两相抵消、互不亏欠称"扯平"。

"扯皮"是怎样扯的？

在古代，鼓是一种神器，用途十分广泛，它可作为乐器演奏，敲锣打鼓。戏曲中少不了鼓声。祭祀时要敲鼓。民间节日，百姓举行传统游艺活动时，鼓声震天。报时时，城楼鼓声响起。两军对阵厮杀时，战鼓隆隆……

由于鼓的用途广、作用大，所以鼓的种类也多。除少数民族的铜鼓、木鼓外，大多是皮鼓。皮鼓的外框多用木、竹和铜制作。鼓皮多用兽皮和蛇皮制作。蛇皮只能制作小鼓。稍大的鼓就得用牛皮、猪皮、羊皮来做。这些兽皮经多道工序，制作成鼓皮，蒙到鼓架上，除了牢固，音色绝佳。

古时制鼓，最重要的工序就是钉鼓皮。

一般的小鼓制作起来方便，一人操作便可。大鼓或中等的鼓，因鼓皮宽大，制作时，除了主持制作的大师傅之外，还得有好几个助手通力合作才行。主持大师傅用钉子将鼓皮钉在鼓架上时，先得将泡得软软的鼓皮张得紧紧的，蒙在框架上，四边的助手用力将皮往下拽，以便主持大师傅用钉子钉住。这种钉子是一种特制的大盖钉，既能把鼓皮钉得牢牢的，又起装饰作用。

主持大师傅敲钉子时，是他最紧张、最关键，也是最用力气的时候。他要使尽力气拉住鼓皮，又要举锤敲钉，更重要的是他得协调几位助手均匀地使用力气，将鼓皮拉平、拉紧，他每钉下一个钉子就要大喊一声"扯"，提醒助手们扯紧鼓皮增强张力，防止鼓皮松弛。如此这般，他不停地喊，不停地钉钉子，直到周边全部钉完为止。因助手们扯的是皮，所以这道工序就称作"扯皮"。后来就用来表示无原则地争吵和相互推诿的口头语。

想想也有道理。在大师傅钉鼓皮的过程中，难免会有助手不用力或疏忽大意扯歪了的，致使鼓皮蒙得不完美。怪谁呢？这时众多扯皮的助手们就相互指责推卸责任了。这就是"扯皮"了。

用手把餐具撤去——彻

　　甲骨文的"彻"字是个会意字，左边是个"鬲"字，读"lì"，古代指装饮食的器皿。右边是"又"字，表示手。这两个字组合在一起，意思是吃完饭后，人们用手撤去食具。

　　到了金文，字形发生了较大的变化，变成了会意、形声字。左边的双人旁"彳"是形符，有"行走"的意思。右边的"切"为声符，读"chè"。这"彻"是"撤"的本字，所以"彻"从"撤"声并会意。小篆的形体由金文演变而来。楷书形体由小篆演变而来，写作"彻"，后简化为"彻"。

　　"彻"字的本义指"撤除、撤去、撤销"，这个本义后来写成了"撤"。

　　"彻"字后来假借指通、透的意思，如彻夜、彻骨、彻底、彻查、贯彻、透彻、洞彻、响彻云霄、彻头彻尾、彻夜不眠。

东晋·王羲之《澄清堂帖》　　　　宋·米芾《蜀素帖》

《说文古籀补》　　　唐·褚遂良《孟法师碑》　　　《隶辨》

汉武帝建皇陵——彻

有则民间故事，说的是汉武帝刘彻寻找陵墓的事。

汉武帝生于公元前156年，是汉景帝的长子，取名刘彻。他在位五十四年，对北方匈奴发动了十多次进攻，终于将他们赶走，这赫赫战功，是与大将卫青、霍去病分不开的。

汉武帝在位时，他就为自己寻找风水宝地，建造皇陵，并把立下战功的两位大将军也考虑在内。他把寻找陵墓地址的重任交给传奇人物东方朔。东方朔领命来到咸阳城外，他经过测算，终于测出一个叫槐里的地方有宝气涌出。

这天清晨，东方朔来到槐里，但见沃土千里，一望无际，南望秦岭，北依群山，气象开阔，气脉极佳。

东方朔回宫向刘彻汇报，说槐里一带土壤肥沃，土地辽阔，气息所集，风水乃千百年来第一吉壤。

刘彻问："就因为土壤肥沃，土地辽阔才选这儿的吗？"

东方朔说："这儿土字大盛，而您的名字里的'彻'中间有个土字，居于此，可居中以震四方啊。"

这句话，深深打动了汉武帝。于是，他下令在这儿为自己建造陵墓。从公元前138年开始，历时五十三年，终于建成了高大巍峨的茂陵，由此，中国出现了一个被称为"东方金字塔"的建筑。在这儿，埋葬着汉武帝，旁边还有卫青和霍去病的墓穴。

这个故事既动人又神奇，可人们不禁要问，促使刘彻下决心在这儿造陵的"土"字，是存在于"彻"字中，而两千多年前的西汉时期，只有"刘徹"，并无"刘彻"啊！

看来，汉武帝选这儿造陵是真，而有关"彻"中有土的故事是后人编造的！

竖目而视的奴隶——臣

甲骨文

金文

小篆

隶书

楷书

　　甲骨文的"臣"字是个左三包围结构的象形字，字形像一个竖着的眼睛形状，人低头屈服时，才会有竖目而视的样子，与一般横着的眼睛不同。

　　远古时代，部族之间发生战争，将抓获的战俘捆绑起来牵着走。"臣"字的字形就是表示屈服的俘虏。"臣"字是指被抓的战俘。

　　战俘被抓回部落后，就成了奴隶，供战胜者当家奴使用。"战俘"大多是男性，对主人百依百顺，侍奉主人。而官吏侍奉君主犹如奴隶侍奉主人，所以"臣"字由"战俘"引申指"国君属下的民众"。一般百姓称之为"臣民"。也是古人谦卑的自称。如诸葛亮的《出师表》中头一句便是"臣本布衣"。这个"臣"字有自谦之义，倒不是摆出我是大臣的口气。

　　金文的字形由甲骨文演变而来。小篆的字形由金文演变而来。楷书的字形由小篆演变而来，写作"臣"。"臣"字的本义指"战俘"，由本义引申指"男性奴隶"，由上义又引申指"帮助帝王统治的官吏"。"臣"字除了指"官吏"，有时也包括百姓，如君臣。官吏对君王上书或说话时也自称"臣"。

　　以臣的礼节侍奉君主，屈服称臣称"臣服"。君主时代的文武官员称"臣僚"。君主国高级官员称"大臣"，也称"臣子"。

　　有功之臣称"功臣"，不忠于君主的称"奸臣"，前一个朝代的大臣投降后一个朝代又当官的称"贰臣"，握有大权且专横的大臣称"权臣"，忠于君主的大臣称"忠臣"，君主宠幸的臣子称"幸臣"。

"臣"必报君恩

北宋年间，有位大臣名叫吕蒙正，吕蒙正年轻时，家境贫寒，后来考中秀才，靠卖字作诗，到私塾教书为生。

一天，吕蒙正上街路过曾在外做官，现告老还乡的洛阳首富赵员外家门口，见一大帮文人聚在赵家门口议论着什么。原来是赵员外老年得子，喜不自胜，请来一帮文人，为自家大门写副对联，以庆贺赵家后继有人，人丁兴旺。

吕蒙正也走去侧耳细听。这时，只见当朝刑部侍郎的儿子倪大官人喊众人安静，他在桌边坐定，挥笔写下一副对联：

> 臣必报君恩
> 子当承父业

众人见是倪大官人写的，都拍手叫好。

赵员外见众人喊好，便连忙唤家人将对联贴到大门上。对联刚贴好，吕蒙正对赵员外道："这对联有不妥之处，还是拿下为好。"

站在一旁的倪大官人怒斥道："你个穷小子胡言乱语，看我不告你有辱斯文。"

吕蒙正严词警告："我还要告你呢。此联不但语言粗劣，还有灭族之罪！"

赵员外一听，吓得不轻，忙问是何道理？

吕蒙正说："此联将人伦颠倒，目无君父。上下联怎能臣在君上，子在父前？"众人一听，脸色大变。倪大公子吓得溜了。赵员外将对联扯下，令人取来红纸，请吕蒙正另写一副。

吕蒙正也不推辞，说："不必重写，只要将联中字句略加变动即可。"当即挥笔写下一联：

> 君恩臣必报
> 父业子当承

这样一改，便顺理成章了，众人这才真的拍手称好。

惊蛰害虫苏醒——辰

对"辰"字有两种不同的解读。

有人认为，甲骨文的"辰"字是个象形字，字形像一个肉伸出壳外的大蛤蚌。远古时代，生产力很低，人们使用大蚌壳作除草工具，因除草大多在早晨，故"辰"有"早晨"的意思。"辰"是"晨"的本字，是最早的"晨"字。也有人认为，细审甲骨文字形，看不出古人有以蚌作镰除草的意味，就甲骨文字形观察，应该像藏在地下、躯体蜷曲、有环节的某些农田害虫，如"豆虫"之类。甲骨文的"辰"字上面一横象征地表，这景象表示惊蛰到来，虫儿苏醒，正蠢蠢欲动的样子。

"辰"字的字形由甲骨文演变而来，隶变后的楷书写作"辰"。

"辰"字的本义指"惊蛰到来，苏醒的农田害虫蠢蠢欲动"。

惊蛰后，万物复苏，也包括害虫。此时农耕开始。农业的生产，万物的活动，都与日月星辰的运行及时节的变化有密切的关系。所以"辰"字被用作日月星辰的总称，如星辰。"辰"字由本义引申指"日子、时间"，如出生日称"诞辰"，美好的时光称"良辰"，生日称"生辰"，先辈去世的日子称"忌辰"，老年人的生日称"寿辰"。在南方方言中指时间为"辰光"。

旧时计时把一昼夜分为十二个时辰，一个时辰合现在两小时。上午七时到九时的时间称"辰时"。"辰"字由"时间"引申指"地支的第五位"，如子、丑、寅、卯、辰、巳、午、未、申、酉、戌（xū）、亥。

"辰"字与海蚌

"辰"字属名词，是地支的第五位，也是日月星的统称。古人将一昼夜分为十二个辰，所以我们今日仍将时间称为"时辰"，将时光和所过的日子称为"良辰美景"。

"辰"字似乎是天上的事儿，怎会和海里、水里的海蚌和河蚌相关呢？

先说"蚌"字。蚌指一种软体动物，外面是两个椭圆形的介壳，可以张开或闭合。壳表面呈黑绿色，有环状纹，里面是蚌肉和珍珠层。统称为"河蚌"。海里的蚌称"蜃"，也称大蛤蜊。

有学者认为，"辰"字是"蜃"字最古老的写法，先有"辰"，后来在"辰"下加了个"虫"字才成"蜃"。"蜃"是一种巨形蚌，壳厚而坚，略呈三角形，壳之大者有二三尺长，一尺多宽。这就是我们在沿海城市常见的大海蚌。

刀耕火种年代，先民们还未使用刀锯时期，就用蚌壳磨成"蜃刀"，用这种刀去挖土耕地。还将这种蚌的硬壳，用石块锉成"蜃镰"，用来割禾，这一改进，比石刀、石镰方便多了。正因用蜃壳做成农具，有利于生产劳动，所以先民们将"辰"字融入到有关农业和日常生活的字体中。将"农"字写作"晨"，下面是"辰"字。蜃肉藏在硬壳内，如同胎儿藏在母亲的腹腔中，所以将怀胎称"妊娠"。因蜃壳会一张一合，好像人的嘴巴会张合一样，所以嘴皮也作嘴唇。

"辰"字怎么会跟日月星辰挂上钩的呢？因为先民们以"蜃壳"作农具，所以"辰"又代表农耕，因农耕要按节气来耕作，跟日月星辰有关，所以"辰"字作了星辰的名字，也成了"早晨"的"晨"字中的部件。

一字一世界

像成排的树木 陈 列

有人认为"陈"字是个形声兼会意字，是由"木""土""阜"几部分作形符，读"申"声。"阜"在古代指一层一层高的山地。山地上树木成排，所以"陈"的本义指"排列、摆设"。

也有人认为，金文的"陈"字是个形声兼会意字。以"阝"和"土"为形符，表示土铺得较高的通道，"东"作声符。小篆的字形略有变化，从"阝"，从"木"，表示与土木建筑有关。本义指"堂下至院门的通道"。

古代贵族的堂前通道，供迎接宾客和陈放财物以及排列婢妾，所以引申为行列、排列的意思，也就是陈列、摆放的意思。

把物品陈列在殿堂上，就是把事实和道理摊开来讲，这就有叙述的意思，如陈述、陈情。

叙述时，难免有自我夸耀的成分，所以"陈"又有显示的意思。

因为陈放的财物多了，存放的时间长了，所以"陈"又有旧的意思，如陈旧、陈说、陈腐、陈年、陈酒、陈账、陈词滥调、推陈出新、新陈代谢、陈谷子烂芝麻。

"陈"，是周朝时的一个国名，在今河南淮阳一带。

"陈"，是中国一个大姓。

唐·颜真卿《裴将军诗》

二"陈"摆尾难开

有本古书，名叫《古今谭概》，记录了不少文坛趣事，文人佳话。其中有一篇，说的是两对兄弟作对联的故事。

却说明朝正德年间，绍兴有个名叫沈大喜的秀才，弟弟二喜也考中秀才。这天，弟兄二人进城，不料，遇到狂风暴雨，两人只好到好友陈文龙家躲雨。正巧，陈文龙的弟弟陈文虎也在，四人相见，好不热闹！

四人分宾主坐下，望着屋外哗哗大雨，陈文龙提议道："我等四人，难得相聚，今日天公做美，留二位在寒舍做客，我出一上联，为大家助兴如何？"

沈大喜拱手道："陈兄请讲。"

陈文龙一字一句道："大雨沉沉，两沈伸头不出。"

沈大喜笑道："小弟失礼了，看对个'狂风阵阵，二陈摆尾难开'如何？"

陈家兄弟一听，击掌叫好，连忙叫家人摆酒设宴，款待沈家兄弟。

细细品味这副对联，真妙不可言。上联"两沈"，指沈家兄弟。"伸头不出"，照应前一句"沉沉二字"。"沈"字不出头即为"沉"。两沈均不出头，所以说"沉沉"。

下联"二陈"指陈氏兄弟。"摆尾难开"，照应前一句"阵阵"二字。说"陈"字右边的"东"字下那一撇一捺不写出来，这就是个"阵"字，也就是"二陈摆尾难开"即是"阵阵"。这属变形联，将汉字的字形变化后得到相似的字。这副对联也堪称精品了。

陣 陣

《隶辨》　　　唐·诸遂良《哀册》

用手提起一条鱼——称

chēng

称

佀
甲骨文

𣎆
金文

稱
小篆

稱
隶书

称
楷书

甲骨文的"称"字是个象形字，写作"爯"，字形像用双手提举着一条鱼。金文大致相似。

"稱"字是个左右结构的形声字兼会意字。左边的"禾"字是形符，表示用庄稼的茎搓成草绳来提物，右边的"爯"字是声符，读"chēng"。这两个字形组合在一起，表示用草绳提起鱼。

古人为什么用"爯"字作"稱"字的声符呢？因为甲骨文的"爯"字就是"稱"字的本字，字形就是用手提鱼的样子，所以"稱"字用"爯"字作声符并会意。

隶变后的楷书写作"稱"，后简化为"称"。

"称"字的本义指"用手提起一条鱼"。手提鱼的目的，大约因这条鱼很重，想提起来掂掂分量，也有可能是提起来给别人看，向别人夸赞。所以"称"字由本义引申指"测算重量"，如称一称有多重。又引申指"说、叫做"，如称呼、称霸、称号、称谢、称雄、号称、美称、声称等。

"称"字由上义引申指"赞美、赞扬"，如称道、称颂、称叹、称羡、称许、称誉、称赞等。

"称"字是个多音字。读作"chèng"时，由"称重量"引申指"衡量轻重的工具"，旧时与"秤"字相同，如称锤、称杆、称砣、称星等。现在这些词义都用"秤"。这个"秤"字，最早也是由"爯"字派生出来的，现在专门由它来表示称量的工具，如：用把秤来称一称有多重。

当"称"字读作"chèn"时，引申指"适合、正好、相当"，如称心、称意、称职、对称、相称、匀称、称心如意。

"称"字读"chēng"时，也作姓氏用。

称我江山有几多

明朝开国皇帝朱元璋，出身贫寒，没读过几年书，识字不多。但民间流传着不少他作的对联、猜字谜及写诗论文的故事。

相传有一年春日，朱元璋穿着平民衣裳，独自一人，走出皇宫，到街头巷尾逛逛，人们把这称作微服私访。

却说朱元璋走出金陵城，来到长江边的燕子矶。这燕子矶突出江岸，远远看去状似飞燕。但近前看，庞然巨石，好似一块铁铸的秤砣。

到燕子矶来游玩的人很多，而且大多是年轻人，听口音，南腔北调。看来，应是从全国各地来京城参加进士考试的举子。

举子们指指划划，观赏眼前壮丽景色。万里长江，滚滚东流，天然巨石，屹立江边，举子们诗兴大发，一个个吟诗作赋，其中一位大声唱道：燕子矶兮，一秤砣……

此句一出，众人都被镇住了，认为这一句很有气势，都凝神静听，但没了下文。朱元璋在一旁笑道："开头如此气魄，只怕下面难有续句了。"

举子们纷纷议论，认为这话确有道理。把如山一样的燕子矶比作小小的秤砣，而秤砣压千斤，那么称杆该有多长？秤钩该有多大？如此巨大的秤，用它来称什么呢？

举子们不认识朱元璋，都拱手作揖，向朱元璋请教："请先生指点，我等洗耳恭听！"

朱元璋也不客气，沉思片刻，大声朗诵：

> 燕子矶兮一秤砣，长虹作杆又如何？
> 天边弯月是挂钩，称我江山有几多。

这首诗气势磅礴，豪气冲天，从手法上讲，想象力丰富，极为夸张。"称"字用得最为出彩。"称我江山"既表现了这位老皇帝的自豪，也表达了他的自信。举子们看着眼前这位气质不凡的老人，都敬佩不已。

海边软体动物蛏子

　　古时的"蛏"字是个左右结构的形声字。左边是"虫"字，作形符，表示跟"虫"子之类有关。右边的"聖"字作声符，读"shèng"。

　　"聖"字与"虫"字组合，指"蛏子"。

　　楷书的字形在隶变后写作"蟶"，后简化为"蛏"。

　　"蛏"字的本义指"蛏子"。

　　"蛏子"是一种软体动物。古代动物不论大小，都称作"虫"，与现在对"虫"字的理解不一样。从前老虎称"大虫"，长蛇称"长虫"。蛏子属软体动物，所以古人用"虫"字作"蛏"字的形符。

　　"蛏子"这种软体动物，有两扇狭长的壳，生活在近岸的海水里，淡褐色，肉味鲜美，是人们爱吃的美食。

　　人们把晒干的蛏子肉称"蛏干"。

　　在福建、广东一带海滨，引海水养蛏类的田称"蛏田"。

小篆

蛏
隶书

蛏
楷书

竹蛏两个怪虫

　　"蛏"是一种软体小动物，有两层狭长的介壳，生活在靠近海岸的海水里，其味鲜美，蛏子肉剥皮晒干便是海货蛏干。

　　民国年间，苏北建湖县蒋营镇有私塾先生名叫吴润生，他在盐城方圆百里地很有名气，被称为最有学问的人。他吟诗作对，出口成章，他的草书如行云流水，潇洒飘逸，为人们所珍藏。这一年开春，盐城海边小镇三龙港一家茶楼开业，特地请吴大先生去作对联题匾额。吴大先生成竹在胸，应邀前往。

　　这家茶楼与一家海货店并排，是小镇繁华所在。茶楼后院有口井，井水甘甜清凉，如琼浆玉液，喝了心肺舒畅。海边的井水，十之八九苦涩咸酸，令人难以下咽。如今有这口甜水井，堪称奇迹。

　　吴大先生到了店里，店主早就摆好文房四宝，就等他挥毫泼墨了。

　　吴大先生坐下先喝了三杯刚从甜水井打上来的水，连说三声好。接着写下"品泉楼"三字，作为店堂招牌。他斟酌再三，写出一句上联：品泉三口白水。

　　写罢上联，吴大先生却再也续不出下联了。他被自己的上联难住啦。"三口"是"品"字。"白水"是"泉"字。被拆解得干净利落，要对出下联，谈何容易！

　　吴大先生一时对不出，围观者默不作声，这番沉寂，更显气氛凝重。吴先生头上冒汗了。就在这时，隔壁海货店老板来看热闹，他见吴大先生急得这样，便建言道："老先生若开恩，把这下联放到我家店面上，茶楼与海货店共用一副对联那就妙了。"

　　吴大先生问："此话怎讲？"海货店老板说："下联就写'竹蛏两个圣虫，岂不是上下对仗了？"

　　吴大先生一思衬："竹"字两个"个"字，"蛏"字是"圣虫"二字。"两个圣虫"又合成"竹蛏"一词。这下联与上联，真是天衣无缝啊。他忙起身向店主供手作揖，感谢他的指点。于是这两家店面就共用一副对联，一时传为佳话。

斧子砍头　行刑完成

　　甲骨文的"成"字是个指事字，右上部表示一把长柄的斧头，左下角的一竖表示斧头砍了下去。在古代，斧头是砍头杀人的刑具，当斧子砍下来的时候，就表示行刑完毕了。所以，"成"的本义是"完成、实现"。

　　小篆的"成"字是个形声字，以"戊"为形旁，"丁"为声旁。

　　在现代汉语中，"成"也用作本义，如：落成。除了本义之外，"成"还有很多其他的意思。

　　"成"有变成、成为的意思，如成仙。也有形成的意思，如成立。

　　"成"表示十分之一的比率，如增产三成。

　　"成功"也是"成"的一个重要意思，如成败。再由成功引申为"成果、成就"，如坐享其成、一事无成。

　　事物生长到一定的状态也称为"成"，如长成。"成"也解释为"现成的、已定的"，如成见、成药、半成品。

　　成亲、成室的"成"是"成家"的意思。

　　成日、成批、成夜的"成"是"整""全"的意思。

　　成金的"成"表示纯的。

　　"成"表示有能力，如"他可真成"。

　　"成"作为副词时，表示答应、许可，如"成，就这么办"。

　　"成"，也作姓氏用。

"戊"遇"丁"才成

　　清朝顺治年间，太仓有位姓杨的读书人，有一天做了一个梦。他梦见一个白胡子老头缓缓走来，在他手心写了个"戊"字，然后转身不见了。

　　早晨醒来，他细细一思量，脸上不由露出了笑容，心想：莫不是说我会在有戊的年份考中啊！

　　好不容易等到有戊的年份，他喜滋滋赴京赶考，以为必能榜上有名，结果却名落孙山。

　　这出乎意料的结果让他非常纳闷：明明神灵在保佑我，为何偏偏没有考中呢？于是他跑到沿街的测字摊上，向测字先生请教。

　　测字先生听他诉说了一番，然后劝道："你今年本来就考不上，因为'戊'遇'丁'才是'成'，所以你只能在丁年考中，再等上几年吧。"

　　如同测字先生所料，姓杨的读书人果然在丁年考中了解元。

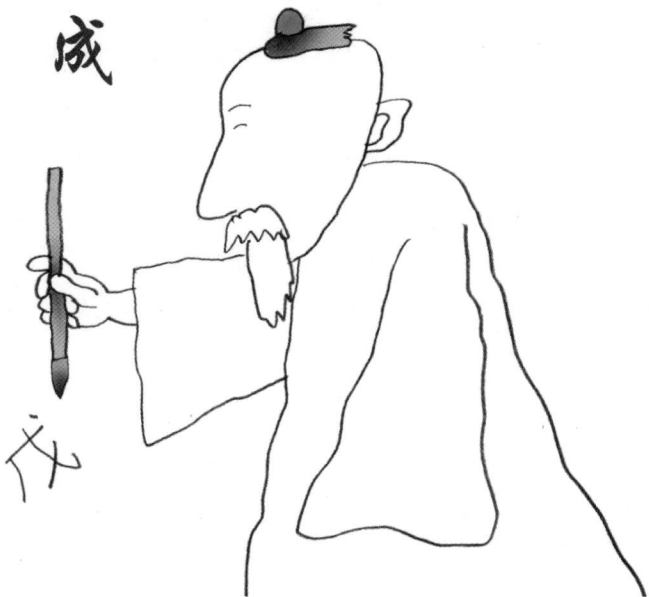

用双手托住一人——承

　　甲骨文的"承"字是个会意字，上边是一个跪着的人，下面是两只手，表示双手向上，托住一个人。金文的字形由甲骨文演变而来，大致相同。小篆的字形略有变化，在下面又加了一只手，强调用手托举之义。因此，"承"字下面是三短横。隶变后的楷书作"承"。

　　"承"字的本义指"托住"，也表示"捧"，如接受或继承称"承受"；托着物体，承受它的重量称"承载"；承受重量称"承重"；恭维人，向人讨好称"奉承"；招待、看待称"待承"。

　　"承"字由本义引申指"接受、担负、担当"，如接受办理称"承办"；担负、担当称"承当"，也称"承担"；接收也称"承接"；应许、答应照办某件事称"承诺"；表示肯定、同意、认可称"承认"。承揽、承印、承应、秉承、禀承、师承、应承等都指"接受、担当"。

　　"承"字由"接受"引申指"接续"，如接受前人的作风、文化、知识，或指依法承接死者的遗产或权利称"继承"；更替继承称"传承"；沿袭或继承称"承袭"；收到上级公文转交下级或将下级公文转送上级称"承转"；继承人、承上启下、承先启后、一脉相承等都指"接续"之义。

　　"承"字还指"蒙受"，如承蒙、承情、仰承。

　　"承"字也作姓氏用。

因写"承"字滥杀无辜

元朝末年，农民起义，风起云涌。江苏盐城白驹场盐贩子张士诚，跟他的两个弟弟，率大批盐丁起兵，攻下苏北几座小城，次年称王，国号为"周"。后来又渡江攻下常熟、湖州、松江、常州等地，定都平江，即今日苏州，自称"吴王"。后来被朱元璋打败，被押到金陵，死前对朱元璋说："无日照尔不照我而已"。

张士诚一直有当皇帝的美梦。据说，他攻下高邮城没多久，就要宣布称王了。

为了稳固统治，他特地选在"承天寺"举办登基典礼，好像他称王是承天老爷的意旨，是合乎天意的。他要把承天寺整修一新，以显示威风。在大门上方挂了一块大匾，要请当地书法家来写"承天寺"三个大字。

被喊来的一位书法家奉命写匾。他开始写"承"字，但刚写了个"了"字，就被张士诚大声喝住，怒吼道："你好大胆，拉出去，斩了！"这位书法家尚不明白就里，便被两个兵丁拉出门去，"咔嚓"一声，人头落地。

张士诚命人又找来位书法家。此人不知底细，按笔顺又写了个"了"字，刚落笔，张士诚发疯似的，又将这人拉出去斩了。就这样，一连斩杀了七八个人，众人莫名其妙。他弟弟问："哥，为何为这一个字，接连杀了这么多人？"

张士诚怒斥道："你还看不出来吗？老子刚称王，他就写了个'了'。这不是触我霉头，存心咒骂我吗？杀了他，也难解我心头之恨。"

后来又找来位先生，这人字虽写得不好，但脑瓜子灵活，摸准张士诚心理，有心奉承他。他一落笔，先写了个"王"字，然后依次写"王"字的左右两边，又提笔在上面一短横折勾，再由上而下一笔到底。张士诚站在一旁看了，喜得合不拢嘴："这就对啦。先称王，左有文臣，右有武将，再从上一弯勾戴上王冠，由上一贯到底，是擎天大柱子，保我江山，万世挺立。好，这'承'字写得好，赏他黄金一百两！"

为防御建的高墙——城

　　金文的"城"字是个左右结构的形声字兼会意字。左边的字形像内外城墙形，中间是城围子，上下是城门城楼。右边是"戈"（gē）字，像古代的长柄兵器。这几个字形组合在一起，表示的意思是"用武器保卫城池"。

　　小篆的字形由金文演变而来，但有所不同。它将左边的城郭围墙形简化成了"土"字，以"土"字作形符，表示跟泥土有关。右边以"成"字作声符，成了个左右结构的形声字，写作"城"。这两个字形组合在一起，指人们用泥土筑成的"城堡"。

　　"城"字的本义指"城墙"，是古代为防御而建成的高墙，如堡垒式的小城称"城堡"；城墙和护城河称"城池"，也称"城市"；城市的防卫称"城防"；靠近城墙的地方称"城根"；城门洞上的楼称"城楼"；内城的墙和外层的墙称"城郭"；城外靠近城门一带的地区称"城关"。

　　"城"字由本义引申指"城市"，如城郊、城区、城乡、城镇、环城、京城、山城、省城等。

"城"与"城墙"

现在，一提到"城"字，人们马上便想到繁华的城市：高楼大厦、商铺林立、人头攒动、车辆川流不息……人们很少能把"城市"这个概念跟"一堵墙"联系起来。如若细究一下，你就明白，为什么有"城墙"这个词了。

"城"字本来的意思就是指"墙"。古时为防止敌人的进攻而筑的高大坚固的墙，这个字跟垣（yuán）字是一个意思。"垣"指环绕成回环形的围墙。所以也称"城垣"。我们讲"万里长城"，指的是"万里长墙"，或"万里长垣"，而绝不是指现在对"城"字的理解，如果理解为"城市"，那就要说成万里长的城市了。这显然是说不通的。

"城"字原来是"墙"和"垣"的意思，为什么会转变以致萎缩甚至于消失呢？这就跟中国的避讳习俗有关了。

一千多年前的五代时期，有个后梁王朝，梁太祖的祖先中，有位名字中有个"诚"字，这个字与"城"字同音，必须避讳，于是，凡是写到"城"字，就用"墙"字来代替，因而，"墙"字就把"城"字中的"墙"与"垣"的意思取代了，于是便有了"城墙""城垣"这两个双音词，用来指古代在城市四周建造的又高又厚的墙。它的侧重点是指"墙"，而"城"字却渐渐失去了"墙"的光泽，只能作为"墙"字的陪衬，指的是城池、城市的墙，而不是泛指所有的墙。所以，现在人们提到"城"字，不会有"墙"的概念，只有说到"城墙"时，才会想到"城市的墙"。

除了"万里长城"这个词，人们还能从中看出"城"字在闪耀着"墙"字的色泽之外，还有一些词也能从中看出当年的遗迹。如成语"金城汤池"和"城门失火，殃及池鱼"。还有各地的"城隍庙"、北京的"皇城根"、上海的"老城厢"……这里的"城"字都当"墙"字讲，如"老城厢"中的"城厢"，指的是城内和城门外附近的地方。这儿的"城"字指"城墙"。

为了避讳一个皇帝祖先名字中的"诚"字，竟然惹出这么多麻烦，连万里长城都被撼动了，可见中国避讳之风俗，影响是多么深远。

爬树防洪水——乘

甲骨文的"乘"字，像一个人坐在木柱上。它的本义是"骑、坐"，如乘马、乘车。

小篆的"乘"字像两只脚攀在木桩或树干上。有人说这是会意字，有人说这是象形字。还有人认为，金文的"乘"字，就是一个人爬在树顶上的形象，这就是远古时代，人们曾像鸟一样巢居在树上。

"乘"字，为什么会有这几层意思？

我们就得提及两个神话故事了，那就是诺亚方舟和大禹治水。从中我们可以知道，在远古时代，对人们最大的威胁是洪水泛滥，山洪暴发。人们无处藏身，只有爬到大树上，以求活命。你看，古代的"乘"字，上面是"人"，下面是"木"，表示人在树上。人在树上，高出地面，"乘"字的本义就是"登上去"，由此引申，人在车上叫"乘车"，人在船上叫"乘船"。

这样，"乘"字又有了顺应、趁着的意思，成语"乘风破浪"、"乘虚而入"中的"乘"字都有顺应和趁着的意思。

另外，"乘"字再引申为一个数字在另一个数字之上或成倍增长，这叫"乘"，读"chéng"，于是又有了"乘法""乘方"这些词。

乘是多音字，还读"shèng"。古代称兵车，四马一车为一乘；古代称四为乘，如乘壶；春秋时晋国的史书称"乘"，后来通称一般的史书。

诗人制谜诗味浓——乘

这年初秋，南方的几位诗人，结伴到大西北采风，他们从杭州登车，然后三五成群，坐在窗口。

老诗人刘平，见江南水乡，一片青绿，不由吟道："临水低田柳半垂。"

诗人大老王听了，说道："刘老，你这既是诗句，又是字谜呀。"刘老笑笑："请猜一个字。"

大老王暗自思忖："'柳'的一半为'卯'。低田，就是把'田'放在'卯'下，再临水，这是个'溜'字呀。"

大老王猜对了。这时，窗外下起了小雨，刘老又吟了一句："断送春光是雨丝。"

诗人秦泰熟悉这个字，便说："刘老，贱姓秦，名泰，你说的这句指的是'泰'字。对么？"刘老含笑点头。

第二天，车过山西，已是北方景色。众人又要刘老再吟上几句，让大家长长见识。刘老也不谦让，指指大草原的牛羊说："风吹草低见牛羊。"

这次，大老王反应快。他想：草低下去，看到牛羊。而牛羊属牲畜。草字头与"畜"相配，不是"储蓄"的"蓄"字么？想罢，他叫道："这是个'蓄'字。"刘老连连点头。众人要刘老再吟诵几句，刘老连称："老郎才尽，肚里没货了。"

列车越往西，天气越冷，窗外已是深秋景色了。傍晚，在众人要求下，刘老又吟了一句："秋寒塞北时。"

这次，没人猜得出是什么字了。刘老也不肯说。晚上，大老王将刘老请进餐车，以半瓶茅台，方才套出谜底，这是个"乘"字。你想，"秋寒"，就是"秋"字去掉"火"字，剩下"禾"字。"禾"字当中塞进一个"北"字，这不是"乘"字么？

度量衡的总称——程

　　"程"字，是个左右结构的形声兼会意字。左边的"禾"字是形符，表示与庄稼谷物有关；右边的"呈"是声符，读作"chéng"，意思是称量谷物。

　　古人为什么用"呈"作"程"字的声符呢？因为"呈"字有呈现、显露的意思。而称量谷物，就是要把谷物的重量显示出来，所以用"呈"字作声符并会意。

　　"程"字的本义指"衡量、计量"，如程限、程度、计日程功。也可说"程"字是度量衡的总称。

　　"程"字也是一种具体的长度单位。十根头发直径的总和（称为十发）为一程，十程为一分，十分为一寸。

　　度量衡是衡量事物的标准、准则，所以"程"字引申指"法度、法规"，如章程、程式、规程。

　　"程"字由"准则、规矩"，又引申指"进行的步骤、顺序"，如程序、过程、流程、教程、进程、课程、历程、疗程、日程、议程。

　　"程"字由"顺序"又引申指"道路的段落、距离"，如航程、行程、射程、里程、旅程、全程、前程、征程、远程、送你一程。

　　"程"字也作姓氏用。

宋·米芾《德忱帖》

王大嘴送米——程

现在会测字的人不多了。苏北阜宁县有个益林镇，别看是个小地方，却出了个能人，名叫胡得先，外号"胡大仙"。此人精通阴阳八卦。他还自学成才，善于拆字解字，为人排忧解难。不过，干这事儿只能晚上，还得由熟人引荐才行，这毕竟不是光明正大的事啊。

这天晚上，隔壁的吴大妈来求他，说独生女儿在无锡打工，谈了两个对象。一个姓耳朵陈，还有个姓禾木程。论条件，各有千秋，现在真不知道该嫁给哪家是好。

胡大仙问罢两人的生辰八字，又问了两人的家境和人品，他还拐弯抹角，从吴大妈口中套出了她的意向，便盘算着自己该如何表达才好。

真是打瞌睡少个枕头，有人送米来了。只听门"咚"的一响，粮店的老板王大嘴拎着一袋米，跨步进门就嚷道："米来了。"

王大嘴放下米袋就走了。胡大仙计上心来，咂咂嘴说："看来还是禾木程合适呀。"

吴大妈问："为啥哩？"胡大仙说："天意！这是老天爷的意思。"

见吴大妈一头雾水，胡大仙问她："刚才谁来了？"

吴大妈说："全镇人都认识的王大嘴呀！"

胡大仙又问："他说什么来着？"吴大妈说："他进门就说米来了。"

胡大仙故作神秘地说："对啰，'程'字右边上为口，下为王，这不是王大嘴么？他说米来了，就是说左边的禾木旁呀。你也识得字的，禾木旁跟稻米粮食有关啊。这是老天要你挑姓程的做女婿呀。要不，世上哪有这么巧的事啊！"

吴大妈听了，乐颠颠地回家给女儿打电话了。胡大仙呢，收了一百块钱还嫌少哩。

从心底里警戒——惩

　　"惩"字是个上下结构的形声字兼会意字。下面的"心"字作形符，表示跟人的心理活动有关；"惩"字上面的"征"字原先写作"徵"读"zhēng"，作声符并会意。

　　"徵"字与"心"字组合，指"人从心底里警戒"。因是讲人从心底里警戒，这跟人的心理活动有关，所以古人用"心"字作"惩"字的形符。

　　古人为什么用"徵"字作"懲"字的声符呢？

　　小篆的"徵"字指事物的起初已露出苗头之意，其本义指"迹象"。事情的苗头与迹象开始并不是很明显的，是由小到大，逐步发展而成的。而人的警戒之心，为防止犯大的错误或过失，必须从苗头抓起，在萌芽状态就要引起注意，这样才起到警戒的作用。正因为此，古人才用"徵"字作"懲"字的声符并会意。

　　楷书的字形由小篆演变而来，写作"懲"，后简化为"惩"。

　　"惩"字的本义指"警戒"，如通过惩罚使人警戒称"惩戒"，惩前毖后、惩恶扬善中的"惩"字都指"警戒"之意。"惩"字由本义引申指"处罚"，如惩罚治罪称"惩办"，处罚称"惩罚"，定罪惩办称"惩治"，奖励和惩罚称"奖惩"，严厉惩罚称"严惩"，严厉惩处，称"严惩不贷"，"贷"指宽恕、宽容。

“惩”与“惩前毖后”

“惩”字有两个意思。一是指处罚，如惩恶扬善；二是表示警戒，如惩前毖后。

“惩前毖后”，指吸取过去失败的教训，以后小心，不再重犯错误。“毖”字指谨慎小心。

说起“惩前毖后”这一成语的出典，有段历史故事。

离今大约两千八百年的周朝，是周武王打败暴虐的商纣王后建立的。在建立周朝的历程中，周武王的弟弟周公全力相助，功不可没。周武王死后，他的儿子继位，这便是周成王。那时，成王年幼，还是个不懂事的孩子。作为叔叔的周公就辅佐他，代他处理朝政大事。

周公为周王朝尽心尽力，把国家治理得平安富裕，百姓安居乐业，但有两个人却从中作梗，这两人都是周武王的堂兄。一个叫管叔，一个叫蔡叔，他们勾结商纣王的儿子武庚，阴谋夺权。周公是他们夺权的障碍，非得赶走他不可。他们到处散布流言，说周公要谋害成王，趁机夺取王位。这种话讲多了，少不更事的成王听多了，也便对周公起了疑心。周公为了避开嫌疑，向成王请假，说自己身体欠佳，要到洛阳去休息一段时间，朝中大事，可多与大臣们商量。

周公走后，成王坐立不安，不知如何才好。他已感觉到，管叔和蔡叔行为反常，好像暗中在图谋不轨。这时，成王明白自己中了管叔等人的奸计。他当即决定，亲自去洛阳接回周公，让他重新掌管朝政。管叔和蔡叔见周公回来了，知道阴谋已暴露，索性一不做、二不休，伙同武庚发动暴乱。周公以迅雷不及掩耳之势，平定了叛乱，将管叔与武庚处死，蔡叔流放到边远之地。

周公又执政了多年，等成王长大时，他将政权交给成王，让他亲自执政。这天成王在祭祀祖先的典礼上，感激周公多年来对自己的辅佐和培养，并赞美他的勤恳无私。他还念了一首名为《小毖》的诗，其中有一句“要惩戒过去的错误，防止后患”。后人将这句话归纳为“惩前毖后”的成语。

衡量轻重的器具——秤

　　"秤"字是个左右结构的形声字兼会意字。左边的"禾"字作形符，表示跟稻谷庄稼有关。右边的"平"字读"píng"，作声符并会意。

　　"平"字与"禾"字组合，指的是"衡量物体轻重的器具"。远古时代是农耕社会，先民们的头等大事是有粮食吃，"民以食为天"。人们衡量物体轻重的主要对象便是稻禾粮食，所以古人用"禾"字作"秤"字的形符。

　　古人为什么用"平"字作"秤"字的声符呢?

　　人们在使用"秤"称物体轻重时，主要是看秤杆平不平，秤砣下压，或所秤物体上翘，说明重量有误，买卖双方都不认可。所以古人用"平"字作"秤"字的声符并会意。这就叫"公平"。

　　隶变后的楷书写作"秤"。

　　"秤"字的本义指"衡量物体轻重的器具"，如称物体轻重时用来使秤平衡的金属锤称"秤锤"，也叫"秤砣"；秤杆上手提的部分叫"秤毫"，多用绳子等制成；镶在秤杆上的金属小圆点作计量的标志称"秤星"；镶着秤星的长木棍称"秤杆"；还有秤钩、磅秤、地秤、过秤、杆秤、台秤、盘秤、电子秤、弹簧秤等词。

　　说到称物体重量时，用的是"秤"，但说时一定要读"chēng"，写时要写"称"，如"请把这块肉称一称"。

秤
小　篆

秤
隶　书

秤
楷　书

148

全凭正直与公平——秤

说到"秤"字，必然会讲到"称"字。

甲骨文的"称"字是个象形字，写作"爯"，读"chēng"，字形像双手提着一条鱼，表示提举一条鱼，后来引申旨"提举"。也许这条鱼很大、很重，提着这条鱼的人在向人们夸奖赞赏，所以由此又引申指"称赞"。也表示称量轻重。古人为了分化字义，使用"爯"字表示提举之义，再在"爯"字左边加"禾"字旁表示衡量之义，这便是"稱"。而夸奖之义便另加单人旁写作"偁"。如今规范化，这三个意思都用"偁"来表示，简体字为"称"。与此同时，又派生出一个"秤"字来表示称量的工具，这便是"秤"，读"chèng"，如用秤来称一称这条鱼有几斤重。

说了半天，人们经常使用错的一杆"秤"的"秤"字，是值得"称赞"的"称"字派生出来的。

话题回到一杆"秤"的"秤"字上来。

"秤"字最大的亮点，也是我们区别于"称呼"的"称"字最明显的区别，就在于"秤"字右边的"平"字。"平"字表示公平，而"秤"作为衡量物体轻重的器具最重要的是称物体时秤杆要平，不能有丝毫倾斜。这就要求秤必须做到正直和公平。

所以古代卖秤的店铺大门两旁，都有这么一副对联：

权衡凭正直

轻重在公平

这副对联，通俗易懂，简单直白，但含义深刻，发人深省。它既用来指秤，也作为警句告诫世人：不论是权衡物体轻重，还是评论事情的是非，或是评价人物的功过，都应该公平、正直，像一杆秤那样保持平直，不失偏颇，以求公正。

说话结巴不顺畅——吃

chī
吃

金文

小篆

隶书

楷书

　　小篆的"吃"字有两个来源。一个由"口"和"气"组成，"口"字作形符，"气"字作声符，隶变后楷书简省写作"吃"。本义指"口吃"。另一个由"口"字和"契"字组成，"口"字作形符，"契"字作声符，本义指"吃东西"。隶变后写作"喫"。如今规范化，都用"吃"。

　　小篆中的"吃"字是个左右结构的形声字兼会意字，"口"字作形符，与说话吃饭有关；右边的"乞"字是"气"字简省的写法，读"qì"，作声符并会意。

　　"气"字与"口"字组合，指"说话结结巴巴不顺畅"。因为指的是说话不顺畅，这与"口"有关，所以古人用"口"字作"吃"的形符。

　　古人为什么用"气"字作"吃"字的声符呢？

　　甲骨文的"气"字像云层弯曲流动的形状，本义为"云气"。云气因为轻，上升或飘动时弯曲不直，而口吃者说话的声音不直，这就引起不顺畅，因而口吃，所以古人用"气"字作"吃"字的声符并会意。

　　楷书的"吃"字原为俗体字，现为楷书的规范字。"吃"字的本义指"说话不畅"，如口吃。"吃"字由本义假借指"吃东西"，如吃喝、吃饭、好吃、生吃、吃吃喝喝、坐吃山空。

　　"吃"字由吃东西引申指"耗费"，如吃力、吃劲、吃重。由此又引申指"消灭"，如吃掉敌人一个连、下棋时人们常说"吃了你的炮"之类的话。"吃"字由"耗费"引申指"没入、吸收"，如吃透、吃墨、吃水；由"吸水"这层意思又引申指"受、挨"，如吃苦、吃紧、吃亏、吃惊。

说"吃"字惹来杀身祸

中国有句古话，叫"伴君如伴虎"。就是说跟皇帝在一起，如同跟老虎在一起一样，随时都有生命危险。

清朝末年的慈禧太后，她虽不算皇帝，但她垂帘听政，独揽大权，自称"老佛爷"，她是皇帝的皇帝，比皇帝还皇帝。

老佛爷闲来无事，除了看戏听小曲儿，还喜欢下象棋。宫中没人愿意跟她下棋。因为你不能赢她，若是赢了她，她脸上无光，难道一国之尊的老佛爷会输给你？不如你？任是你吃了豹子胆也不能赢她。但你也不能常输给她，因为她会觉得无趣，她看出来你在应付她。在宫中，只有大太监李莲英能跟她下几盘，讨她欢心。

这天，李莲英因事外出，不在宫中，慈禧要下棋，众太监就让新来的小太监小福子去应付。小福子新来乍到，不知宫中深浅，以为这是有福份的事儿，便喜滋滋地陪老佛爷下起棋来。

慈禧棋艺并不差，小福子真的下不过她，一上来就输了。小福子使出浑身解数，想扳回一局，但仍是被慈禧略使小计，反败为胜，又赢了一局。此谓棋逢对手，是真正的较量，所以双方都很开心。到第三局时，两人棋数相当，不知不觉进入残局。老佛爷节节败退，最后只能缩进宫里，只剩下士相抵挡了，而小福子一只卒子过河，一步步杀将过来，老佛爷有点气急败坏了。也是小福子该死，他全身心投入到棋境中，忘记了身在何处，也忘了眼前对弈者是何人。他竟站起来，捏着棋子，"啪"的一声落在老佛爷的"士"角上，得意忘形地喊了声："奴才的卒子要吃你的士！"

小福子将"吃"字说得特别响，"士"字声音拖得格外长，慈禧一听，脸色大变，大怒，将棋盘一掀，吼道："我要吃你全家——来人哪！"

这一声吼，立马冲上来几个卫士，将小福子五花大绑推了出去。小福子不知所措，已吓得半死不活了。有人说真的被推出去斩了。有人说被闻讯赶来的李莲英救下了。谁知道呢？

一字一世界

151

积水的大池塘

　　甲骨文和小篆的"池"字，是个左右结构的形声兼会意字。左边的三点水是形符，表示与水有关。右边的"也"字读"yě"，作声符。

　　"池"字的本义指"池塘"。古人为什么用"也"字作声符？据专家考证，最早的"也"字，是"匜"字的本字。这个"匜"字读"yí"，现在已消失了。在金文与小篆中，这是个象形字，其字形像盥洗时注水的用具，是盛水的面盆之类。而"池"是装水的塘，所以"池"字用"也"字作声符并会意。

　　"池"字的本义为"水塘"，这就是在山区丘陵地带用来蓄水的大坑，如池塘、池边、池水、游泳池。

　　"池"字由本义引申指"旁边高、中间凹下去的地方"，如池塘、池子、池座、花池、水池、舞池、盐池、浴池、乐池、池沼。

　　"池"字也指古代的护城河，这就是"城池"。

　　"池"字也作姓氏用。

池

隋·智永《真草千字文》

池

东晋·王羲之

沙

唐·怀素

掘地求水造池塘

明朝成化年间，太仓有位告老还乡的官员，名叫金文正。他为安度晚年，在家大兴土木，盖房造花园。他招来数十民工，掘地取土挖池子。

这天，金文正的学生秦不古来访。此人自称是秦少游的后代，诗词歌赋无不精通，如今在县衙当文书。金文正陪他在工地转悠。秦不古见眼前景色，忽然想到一佳句，可成一联，于是对金文正说，并请恩师指点。上联是：

$\qquad$掘地为池，去土欲求水也。

金文正为官数十年，奉旨在外当主考官多年，学识渊博。续个下联对他来讲原本并非难事。但今日这上联，是记眼前之事，属析字译意联，要上下对仗，析字精到，实非易事。

金文正在土堆上来回踱步，想到年初乘船去普陀山进香时，见到海上一座座小岛的情景，不由想到一句下联：

$\qquad$从玙出屿，得玉便离山与。

秦不古听了，击掌叫好，再三拜谢恩师，让他长了见识。

这副对联，后来入选古书《评译巧对》。上联"掘地"与"去土"照应。"为池"与"求水也"照应。"地"字是由"土"字与"也"字组成。"掘地去土"，剩下"也"字。"求水"即求来三点水旁成为"池"字。

下联"从玙"与"得玉"照应。因"王"称为"斜玉旁"，与"玉"字通用。"出屿"与"离山"照应。"出"就是离的意思。"求水也"与"离山与"六字最为精妙。从析字上说，"水也"，切"池"字。"山与"，切"屿"字。"屿"为小岛。从行文上说，"也"与"与"皆属虚词，均一字两用，真可谓释意准确，惜字如金。

慢慢地走就会迟到

　　繁写的"迟"字是"遲"。小篆的"遲"字是个形声字，它由两部分组成：左边的"走之旁"是它的形，表明这个字与行走有关；右边的"犀"是它的读音。

　　"迟"与行走有关。"迟"字的行走速度不快，只能是慢慢地走。古人称之为"徐行也"，也就是缓慢地走，一步一步地走，所以"迟"的本义就是"慢慢地走"。

　　因为是慢慢地走，其动作不快，显得很慢，如迟迟不决、事不宜迟。

　　由于动作慢，走得不快，所以就不能按时到达，这就是"迟到"；迟到了就会误事，这就叫"迟误"；因为迟误，事情就要往后拖，这就叫"迟延"；由此会产生不通畅，被堵塞，这叫"迟滞"。

　　由于动作慢，表明反应慢，不敏感，这就是感觉"迟钝"。

《说文古籀补》　　　　　汉《礼器碑》

晚走一尺都会"迟"

有一则"晚走一尺都会迟"的故事，对"迟"字做了生动的注解。

一次，南方一家企业的一位业务员去参加一个订货会。去之前，老总一再叮嘱，订货会上的情况要随时汇报。

业务员到了会场，发现人很多，就在会场外站了五分钟，待他再进去的时候，一个好销的产品已被人订购一空。业务员把这个情况汇报给了老总，结果气得老总在电话那头大发雷霆。

业务员委屈地说："只是迟了五分钟，我也没办法呀。"

老总一听，更是火冒三丈："你在纸上写个'迟'字看看，是不是'走'字上面一个'尺'字！这就是说晚'走'一'尺'都会'迟'，更别说五分钟了。现在竞争这么激烈，每一'尺'都要拼命地'走'，不然就要被市场淘汰啦！"

迟

用手拿住——持

　　古代的"持"字写作"寺"，就是寺庙的"寺"。最早的"寺"字是个会意字。上面是脚，下面是手，表示站到那儿听候使唤，操持杂务的意思。小篆将原来的"手"字改为"寸"，这也表示"手"。隶变后楷书写作"寺"，读"sì"，表示寺人住的地方。寺人就是指官员，"寺"就是官员办公的地方。官员办事要有法度，有分寸，所以用"寸"字作声符并会意。后来这"寺"字专门用作庙宇之义，古人就在"寺"字左边加了个提手旁，用来表示操持、办理之义。所以"寺"字就是最早的"持"字。

　　"持"字是个左右结构的形声字兼会意字。左边的提手旁是形符，表示跟手的动作有关；右边的"寺"字作声符。这两个字形组合在一起，表示"拿着、握着"。

　　古人之所以用"寺"字作"持"字的声符，是因为"寺"字是指掌握国家事务的官府，官府要处理国家事务，就要用手。又因为"寺"字本义就是指"官府"，所以"持"字以"寺"字作声符并会意。

　　"持"字的本义指"拿着、握着"，如把持、持有、持之以恒。由本义引申指"遵守不变"，如持久、持续、坚持。由本义还引申指"保护、扶助"，如保持、扶持、维持、支持。

　　"持"字由"扶持"引申指"挟制"，如劫持、胁持、挟持。又进而引申指"对抗"，如僵持、相持、各持己见、相持不下。

　　"持"字还引申指"主管、治理"，如主持、操持、持家。

人 质 事 件 测 "持" 字

却说那年春天，无锡梁溪谜语研究会会长马汉文到广州开会，会间去拜访一位老同学。上午，两人谈兴正浓，忽然外面传来消息：一所幼儿园遭到一名歹徒袭击，他用一把尖刀，劫持了一位老师和几十位小朋友，特警队员已赶到现场，准备营救人质。谈判专家正在劝说歹徒，中止犯罪，但歹徒不听劝告，双方僵持不下。

老同学听了，立即打开电视，此时电视台记者正在现场作报导。正巧，老同学的孙子就在这所幼儿园，而且成了小人质，老同学急得脸都变色了。更糟糕的是，老同学的母亲，小人质的太祖母也看到了电视，一见这情景，顿时昏了过去。众人将她送到医院才抢救过来。

老同学知道老马对汉字有研究，请他以测字为名，安慰一下老太太。老马义不容辞，赶到医院，跟老太太攀谈起来。

这老太太年近九十，她不仅识字，而且懂得测字规矩。她指着病房电视上"劫持人质"四个字说："请先生给我测个'持'字吧，看看这场灾难持续到什么时候。"

老马看看钟，看看"持"字，又看了会电视，心中有底了。他安慰道："老太太，这就像打仗啊，一个拿刀，一个拿枪。拿刀的怎能打得过拿枪的？依我看，这件事十一点钟前就结束！"

老太太不相信："你说说理由看"

老马从电视中看到，歹徒的父母已进入现场，歹徒动摇了，可能很快就能说服他中止犯罪，而当时已十点多钟。于是，他便绘声绘色地说："这'持'字左边是提手旁，右边下面一个'寸'字，合起来像个'打'字。打到什么时候呢？'持'字右上角是个'土'字，您可看作是'十一'。寸字上有一点，合起来就是十一点。我算准十一点钟事件结束。"

果然，十一点钟左右，歹徒投降了，老太太跟重孙子通了电话。她高兴得连声夸老马是神仙，还动员他到广州求发展呢。

一 字 一 世 界

手腕到臂弯约一尺长

"尺"字是由"尸"和一捺组成。"尸"像人形，一捺表示尺脉所在的部位，这是个指事字。

"尺"是中国的长度单位。古人测量各种长度时，大多以自己身体某个部位到某个部位的距离为准。一寸的长度，大约是人从手掌边缘到手腕经脉穴位的距离，所以这儿叫"寸口"。

对金文中的"尺"字，专家们有两种解释。有人认为，这个字省略了手掌的形状，它用短短的一竖表示手掌的边缘，用长弯形的一竖表示人的手臂，当中一点是指事符号，表示手臂的弯曲处，也就是曲肘部。这就是说，一个人从手腕到臂弯的距离是一尺。后来字形发生变化，成了今天的"尺"字。

也有人认为，金文的"尺"字，是在一个人形的小腿部位加一个指示符号，表示这儿的高度是一尺。

一尺究竟有多长呢？古代对此说法不一。有人认为，古人以一拃为一尺。所谓一拃，就是将右手的拇指与食指用力张开，当中的距离就是一尺。因为人手大小不同，所以长度不一。古代的一尺，只相当于今天的七寸或八寸。所谓"七尺男儿"，正好是今天一米八的大个儿。"尺"字的本义是长度单位，引申为"用于量长度或是画线用的工具"，如尺子。正因如此，它又用来指"标准"，如尺度。由于它虽是"寸"的十倍，但只是"丈"的十分之一，所以引申指"少、短小、细微"，如尺幅千里、尺短寸长。"尺"也表示书信，如尺牍。

尺还读"chě"，是中国古代乐谱的记音符号，相当于简谱的"2"。

"尺"字变"尽"字

南京有对小夫妻，男的叫陈竹，女的叫李梅。小夫妻俩性格开朗，爱好相同。两人都是文科毕业，喜欢舞文弄墨，常合用一个笔名，写些散文随笔，见诸报端。他俩还常为报刊娱乐版提供一些谜语作品，在圈内也颇有名气。

自李梅怀孕后，陈竹除了上班，别的时间就在家侍候妻子，扫地抹桌，烧菜做饭，还常说些笑话为爱妻解闷儿。

产期临近，陈竹常陪李梅去医院作产前检查。这天检查完毕，李梅先乘车回家，陈竹留下等检查报告。

陈竹一看检查报告，真是又惊又喜。回家的路上，他一直琢磨着，怎样把这天大的喜事儿告诉妻子，这句话说得既艺术化，又要让她心领神会，可不容易呢。

陈竹左思右想，终于想到了个好办法。对，出个字谜！

一进家门，李梅迫不及待地向他要检验报告。陈竹却不慌不忙地说："给个字谜，猜中了，你就明白了。"

李梅也不示弱："别想难住我，出谜面吧！"

陈竹在一张大白纸上写了"尺字变尽字"五个大字。

李梅对着"尺"字与"尽"字比划了半天，然后双手轻轻揉着肚子，笑眯眯地说："老公，我们有了一对双胞胎，对么？"陈竹兴奋地抱着妻子的额头吻了吻说："对啦，你好聪明啊。"

可不是么，"尺"字的怀里有两点是"尽"字，那两点就是双胞胎啊。

张大嘴巴露出牙 齿

　　最早甲骨文的"齿"字是个象形字，字形像一个人张大嘴巴，露出上下两排的四颗牙齿，就是当中的门牙。这个图象就是指门牙，其本义指"门牙"。

　　金文的字形略有变化，它在上面加了"止"字作声符，读"zhǐ"，这样就变成了上下结构的形声字。小篆承接金文，并整齐化。隶变后写作"齒"，现简化为"齿"。

　　"齿"字的本义指"门牙"，后引申指"牙齿"。

　　"牙"与"齿"是有区别的。"牙"指的是一颗牙，"齿"指的是一排牙。人一生中只有一次换牙的机会，出生六个月后开始出乳牙，乳牙共长二十颗，到六岁左右，乳牙自然脱落，逐步长成恒牙。成年人一边八颗牙，两边共十六颗，上下总共三十二颗。当然，也有个别例外的。

　　人吃食物离不开牙齿。有牙齿咬、嚼称之为"吃"，没牙齿咀嚼食物称之为"吞"。

　　"齿"字用来指"牙齿"，如位于齿槽中央的叫"门齿"，也称"门牙"；位于口腔后面两侧的称为"臼（jiù）齿"；乳牙称"乳齿"；镶的假牙称"义齿"。另外还有恒齿、智齿、蛀齿、犬齿、唇齿等等。

　　"齿"字由本义引申指"年龄"，如指牲口的年龄称"口齿"；人的年龄称"年齿"；按年纪长幼来排定先后次序称"序齿"；古时把长出乳齿的孩子登入户籍，后来借指"人口、家口"称为"生齿"。"齿"字由本义还引申指"说到、提及"，如齿及、不齿、不足挂齿、何足挂齿。

"齿"字见衷情

　　这是民国末年的故事了。苏北盐城有个船老大叫刘老六，这天他牙疼，正躺在船舱里睡觉，常雇他船的行商张老板来找他，说他的两个弟弟带着两个伙计，到江西采购草药，三个月了无音讯，家里人急疯了，想请他陪着，到测字大师刘字痴那儿问凶吉。

　　刘字痴本名刘汉文，盐城人，在外白渡桥附近一小巷开了家测字馆。刘老六捂着腮帮，忍着牙疼，带着张老板，找到刘字痴门上。二人说明来意，请求测字。

　　刘字痴听罢，说："以字论事，命个字吧。"

　　刘老六说："我牙齿疼，说不出话，就测个牙齿的'齿'字吧。张老板，你看呢？"

　　张老板六神无主，点头认可。刘字痴随手写了个大大的"齿"字，托着下巴，琢磨了半天，说："二位，情势不妙呀。你说怎么就这样巧呢？这'齿'字气势汹汹啊。它上面是'岁'（岁）字头，太岁当头，很吓人啊。外面是重重险象，最后归于'凶'字。你看这四个'人'字，个个像尖齿利刃，又像斩人的大叉。再说，这四个小'人'字，分上下两排，又何尝不像至今未归的四个人？"

　　张老板焦急地问："他们还有救吗？"

　　刘字痴指指"齿"字上半部说："上为'止'字，差一半就是'步'字，他们四人有半步之险。二位再看下面，这大缺口就是深不可测的陷阱啊，这陷阱里险象环生，只差半步，掉下去就……"

　　张老板追问道："会掉下去吗？"

　　刘字痴迟疑了一下，说："就看上面这半步之差了，险情也许到此为止，也许掉下陷阱。看来四人命不该绝，再等几天吧。"

　　刘字痴没把话说绝。万一四人活着回来呢？他把险情说得再凶，也不为过。因为江西深山老林，匪患成灾，瘴气弥漫，毒蛇野兽，时时伤人，真可谓步步惊险。他依据这些，假托"齿"字的字形笔画，把险情险象说得头头是道，合情合理，但又留有余地，也不愧为测字高手了。

挥霍财物为奢侈

　　小篆的"侈"字是个左右结构的形声兼会意字。左边的单人旁为形符，表示与人相关；右边的"多"字是声符，读"duō"。

　　"侈"字，指人过度地挥霍财物，所以以"人"为形符。又因为"多"字有"过分"的意思，所以"侈"以"多"为声符兼会意。"侈"的本义指"浪费"，如侈靡、豪侈、奢侈、穷奢极侈。这些词都含有过度花费、浪费的意思，又引申指"放纵、无节制"。"侈"字还由本义引申指"过分、夸大"，如侈谈。

　　也有人认为，"侈"字的本义指蒙蔽比自己地位高的人，以此胁迫控制其他人，但此意现在很少使用。

　　也有人考证，金文的"侈"字就是个"多"字，到了小篆，才加了个单人旁，成"侈"字。这样表达的概念更准确了。

　　还有人认为，"奢侈"的"奢"字就是"侈"的本义。"奢"字也是个形声兼会意字，以"大"为形符，"者"为声符。夸张、铺张常常以小为大，所以"奢"字以"大"为形符。"者"字像树枝繁茂的样子，含有"多"的意味，而"奢"字的本义就是指多费，没有节制地挥霍钱财，所以用"者"为声符。如此说来，"奢"与"侈"确实是同一个意思，难怪合而为一成"奢侈"了。

一句留言两个字——侈

　　无锡有家服装厂，产品远销欧美市场，订单雪片般飞来，工厂效益在市里名列前茅。

　　在成绩面前，厂里的头头们晕头转向了。他们提出扩大经营，加大投入，广招员工，又在国内外设立多家办事处。借此机会，头头们把自己的亲朋好友招进来，安插在要害部门。家底厚实了，头头们又大兴土木，重建豪华办公楼，购置名牌小轿车……这么一来，风气坏了，人心散了，产品质量低了，外贸订单少了，效益也大大降低了。头头们招架不住了，于是在报上大做广告，决定在太湖饭店召开洽谈会，寻找合作伙伴。

　　来参加洽谈会的客商很多。王厂长领着他们参观完工厂，就在太湖饭店宴请来宾。

　　数十张宴席，炊金馔玉，山珍海味，真称得上穷奢极侈了。待到宴终人散，王厂长这才拿起贵宾留言簿翻看。

　　留言簿上，没什么人留言，只有最后一页，上面写了一句话，十四个字。大概是那位台湾客商写的。他虽没签名，但王厂长肯定是他写的。这句话讲得似乎不客气：

　　　　用人多开支太大，着力少质量不佳。

　　这句话岂止不客气，当中还暗含两个字哩。前半句"用人多"指的是"侈"字，后半段"着力少"是"劣"字，可谓一语中的啊。

闻过而羞耻

chǐ

耻

金文

小篆

耻
隶书

耻
楷书

　　小篆的"耻"字写作"恥"，是个左右结构的形声字兼会意字。左边的"耳"字是形符，此事与耳朵听有关；右边是"心"字，也作形符，表示此事与"心"也有关，其中"耳"字作声符兼表意。

　　小篆的"恥"字指人听到自己的过错后，从心底里感到羞愧。所以字形中用了"耳"字和"心"字。

　　隶变后，楷书写作"恥"。这个"恥"字在1955年作为异体字被淘汰，用俗体字"耻"代替，"耻"为规范写法。

　　这个"耻"字属合体字，左右结构，我们把它看作是形声字。左边的"耳"字为形符，表示耳朵听到。右边的"止"字是声符。但离开"心"字，已无法与羞愧之意相联系了，所以这个"耻"字已无所取义了。

　　原先"耻"字的本义指"羞愧、羞辱"。"耻辱"指名誉上受到的损害，也指可耻的事情，如蒙受耻辱；人们把瞧不起、嘲笑称为"耻笑"；因外国入侵而使国家蒙受的耻辱称之为"国耻"；不顾羞耻、不知羞耻称为"无耻"；洗雪耻辱称为"雪耻"；廉洁的操守和羞耻的感觉称为"廉耻"；形容没有操守，不知道廉耻称为"寡廉鲜耻"。

164

绝非无**耻**之徒

在语言艺术中，有令人会心一笑的幽默语言，也有令人捧腹大笑的笑话。在诙谐滑稽的语言艺术中，那些能逗人哈哈大笑的谈笑或故事，称之为笑话。这种笑话，不是近年来流行的所谓荤段子、黄段子。那些黄段子、荤段子只能少数人私下里说说，登不得大雅之堂。而精彩的笑话，既可以活跃人们的生活气息，又能使人们身心愉悦，还能激发人们的语言联想和思维能力，在欢声笑语中得到有益的启示，获得丰富的知识。

多年前，有所大学创办了新闻系，开学典礼上，请来年已八十多岁，新闻界的老前辈王先生，为学生们讲话。

王先生的记者生涯近半个世纪。其间，因言获祸，被打成右派，那段经历，一言难尽。

王先生登上讲台，只见他鹤发童颜，满脸笑容。他刚坐到话筒前，就先来了段令人开怀大笑的开场白。

王先生摘下头上戴的棉帽，指指脑门与头顶，已无一根头发，亮晶晶的一片。他说：“当年我这儿还剩几根头发时，儿女们喊我‘盛纪根’同志。后来头发掉光了，亮闪闪的，他们就喊‘闪亮登场’。今日我来这儿闪亮登场，首先自报家门，本人姓王，三横王，从事记者数十年，属无冕之王……”

此时，台下一片掌声。王老将帽子戴上，缓缓说道：“其实，多年前我头上是有一顶帽子的，名曰‘右派’，后来脱帽，又成无冕之王了。不管戴帽还是脱帽，鄙人从不说一句假话，遵守新闻记者的职业道德，不发假消息。如今我虽年老、牙齿脱落，但本人绝非无耻之徒……”说罢，张开嘴巴，露出满口整齐洁白的牙齿，以示证明。此时台下掌声雷动，气氛热烈。

王老先生以笑话为开场白，用“冕”字的一词多义，讲了自己的经历。又借“齿”与“耻”同音，讲了新闻工作者的职业操守，听了让人欢笑，又令人深思。

大声呵斥——叱

　　小篆的"叱"字是个左右结构的形声字兼会意字。左边的"口"字作形符，表示跟讲话吃饭的"口"有关；右边的"匕"字当为"七"字，读"qī"，作声符并会意。

　　"七"字与"口"字组合，指"大声呵斥、责骂"。因是指大声呵斥、责骂，这与"口"有关，所以古人用"口"字作"叱"字的形符。

　　古人为什么用"匕"字作"叱"字的声符呢？

　　在汉字中，"七"与"匕"（huà）和"匕"（bǐ）字形相近，只有细微差别。多数学者认为，"叱"字的声符应是"匕"字，或为书写方便，或为美观，也可能是误写而成"七"。

　　甲骨文的"七"字是个指事字，字形是一根棍棒中间加一长横，表示从这里将棍子切割之义。为与"十"字相区别，甲骨文和金文都写成横画长，竖画短。篆文则将竖短画下边弯曲，隶变后楷书写作"七"，作偏旁时写作"匕"。本义指"切断"，这是"切"字的本字，最早的"切"字。后来"七"为数词专用，古人另加"刀"字写成"切"。

　　"切"字表示以刀断物，"叱"字表示以口责骂人，也有与人断交之义，所以古人用"七"字作"叱"字的声符。

　　楷书的字形由小篆演变而来，写作"叱"。"叱"字的本义是"大声呵斥"，如大声责骂为"叱责"，也称"叱骂"或"呵叱"；斥责、呵斥喝令称"叱令"；十分愤怒的斥责称"怒叱"；责问、大声问称"叱问"；发怒吆喝称"叱咤"；形容声势威力很大称"叱咤风云"。

王尊叱驭

　　王尊幼年丧父，由伯父扶养。伯父贫苦，令他牧羊，他且牧且读，少年时便初通文墨，成年后充郡中小吏，郡守见他办事认真，便让他分管监狱。因他颇有文才，被太守看中，提拔为自己的秘书。因数次上书言事，引起丞相、御史的注意，不久他被任命为美阳县令。因政绩突出，颇受民众爱戴。汉元帝巡视到美阳等地，见王尊办事谨严有度，又将他提拔为益州刺史……

　　王尊到益州后，正巧碰上水灾。山洪暴发时，王尊率地方官员到灾区视察，当时河水猛涨，人们纷纷逃离。王尊令随从在大堤上搭个帐篷，亲自观察水情。大堤决口时，王尊仍岿然不动，屹立水中，灾民纷纷跪地磕头求其离开，他仍坚守堤上，最后身边伴随的，只有他的秘书。

　　益州有个山区叫邛崃县，地处深山，路险难走。县内有个最偏僻的地方叫九折阪，这里山路更加陡峭。凡有责任心的官员，都要查访民情，以体恤百姓疾苦。王尊上任不久，就到邛崃视察，到得九折阪山口，停车休息。

　　王尊的前任名叫王阳，他任益州刺史时，也曾到过这九折阪山口，想进山看看山民的生活。但一到这里，但见头顶悬崖峭壁，脚下万丈深渊，摔下去粉身碎骨。他腿软了，对驾车的驭手说："我是父母的遗孤，应该自我爱惜。作为孝子，我不能走这险绝的山路。"

　　说完，他叫驭手往回走，不久，就称病离职了。

　　今日王尊来到山口，驭手声音颤抖地问："老爷，是往前走，还是往回返？"王尊问："下面就是王阳见了害怕的九折阪吗？"

　　驭手答道："是！"王尊一听，跳上车，大声叱道："快马加鞭往前去！王阳是孝子！我是忠臣！"此话掷地有声。这就是史书记载的王尊"叱驭"，为公忘险、奋不顾身的故事。

　　王尊"叱驭"奋勇向前，大有叱咤风云，舍我其谁的气概。为官一方，有作为、有魄力、有担当，这就是鞠躬尽瘁，死而后已。王尊"叱驭"，后人所敬仰，为当今为官者做出了榜样。

火光映红了人——赤

　　金文的"赤"字是个上下结构的会意字。上面是个"大"字，表示是"人"，也有人认为是个"亦"字，指露着胳肢窝的人，下面是个"火"字。这两个字形组合在一起，指"火光映红了人"。小篆的字形承接金文，使其整齐化。隶变后的楷体写作"赤"。

　　也有人认为，古代的"赤"字是由"大"和"火"二字组合而成，状似人被火烤得红通通的样子。"赤"字本指一种以火焚人的祭祀仪式，也表示被火烤成的红色，后来泛指"红色"。

　　"赤"字的本义指"红色"，如红豆也称"赤豆"，海水污染造成的红潮也称"赤潮"，赤眉、赤卫队、面红耳赤等都表示"红色"。

　　"赤"字由本义比喻指"忠诚"，如非常真诚称"赤诚"，也称"赤忱"；真诚的心称"赤心"；初生的婴儿皮肤呈红色，因此称"赤子"；像赤子一样纯洁的心称"赤子之心"，也以此指对故土怀有纯真感情的人；形容十分忠诚为"赤胆忠心"。

　　"赤"字由"忠诚"引申指"光着、裸露着"，如不穿衣服，光着身子称"赤裸裸"；毫无掩饰地做某件事，比喻不讲策略称"赤膊上阵"；赤脚、赤条条、赤背等的"赤"，都是"光着、裸露着"的意思。

　　"赤"字由"光着、裸露着"引申指"空空如也，一无所有"，如寸草不生的土地称"赤地"；贫穷得一无所有称"赤贫"；赤身一人、赤手空拳均指空空的，什么也没有。由此又引申指"纯金"，含金量极高称"赤金"。

　　"赤"字也作姓氏用。

"赤"子之心

　　这天，无锡梁溪谜语研究会的朋友们聚会，小陶讲了几个新收集到的字谜让大家评判。他先说了个"转业从医"，赵纪方评论道："谜底是'赤'字。把'赤'字拆成'十'字和倒写的'业'字。'业'字倒写为'转业'。'十'字表示医院。这有点儿新意。"

　　马汉文说："猜字谜娱乐性、知识性兼而有之，我发现听讲座的市民对研究汉字的形音义似乎更感兴趣，这次我们就重点讲'赤'字吧。最好结合切身感受，把字讲透、讲活！"

　　赵纪方说："一般人只知道'赤'字指红色。在古代'朱、丹、赤'都表示红色，但深浅有差别。'朱'是纯正的大红色，'朱'深于'赤'，'赤'是浅于'朱'色，但稍深于'丹'，所以用'赤'来泛指红色了。"

　　马汉文说："你们讲的这些属专业知识了。市民们熟悉的是赤膊上阵、赤胆忠心、赤手空拳、赤日炎炎这些词……"

　　赵振南说："下次讲座，我可以讲个'赤子之心'的故事，看看这个赤子的心赤到什么程度。"

　　众人说："那你就先试讲一下，给我们听听。"

　　赵振南略一沉思，说了起来。

　　赵振南读小学时，有位姓王的教导主任，他因思想右倾，被发配到郊区当教师。这人工作能力强，又热爱教育事业，不久当上了小学校长。十年动乱时，赵振南在东门铁路道口，看到王校长戴着高帽子，被一群小学生押着去游街。到了铁路道口，小学生们为走资派走在前头，还是举红旗的走在前头争执起来。正巧，一列货车开来了。王校长摘下高帽子，笑嘻嘻地对孩子们说："我走在前、走在后没关系，现在火车开来了，安全第一，大家往后退、往后退。"说着，他像赶鸭子似的，把一群乱哄哄的小学生集中到安全地带，然后又戴上高帽子，领着小学生去游街……

　　这就是"赤子之心"。说到此，赵振南声音哽咽，以至于没能把故事讲完。

约束鞭策作告诫——敕

　　小篆的"敕"字是个形声字兼会意字。右边是"攴"字，读"pū"，作形符，表示跟击打有关。左边是"束"字，读"shù"，作声符并会意。

　　"束"字与"攴"字组合，指"用约束和鞭策的方式作告诫，要下属遵守规章制度"。因是指用约束和鞭策的手段或方式，这跟击打、鞭策有关。在甲骨文中，"攴"字是个会意字，字形像手持鞭子或小木棍抽打责罚的形状，本义指"敲打、鞭打"。作偏旁时写作"攵"。抽打、鞭打也是一种教育方式和责罚手段，所以古人用"攴"字作"敕"字的形符。

　　古人为什么用"束"字作"敕"字的声符呢？

　　甲骨文的"束"字由"口"字和"木"字组成，在"木"字当中用绳绕一圈成"口"字形，表示用绳捆扎木柴之义，引申指"整理、使之端正、整齐、有序"。要使下属守规矩、不违法，就要告诫他们要懂得约束自己，不放任，不做违规违法的事，所以古人用"束"字作"敕"字的声符并会意。

　　楷书的字形由小篆演变而来，写作"敕"。

　　"敕"字的本义指"整治使其严整"。"敕"字由本义引申指"告诫"，如敕厉、敕诫、自敕；"敕"字由"告诫"引申指皇帝的诏令，如皇帝发给朝臣的诏书称"敕书"，皇帝下达的命令称"敕令"，朝廷以敕令封赏官爵或称号称"敕封"，奉皇帝命令修建称"敕造"。

来力敕正整

北宋年间，有位著名的文学家和书画家名叫黄庭坚，江西修水人，北宋英宗治平四年考中进士，曾做过国子监教授、秘书丞等官。他与张耒、晁补之、秦观同出于苏轼之门，被称为"苏门四学士"。诗同苏轼齐名，并称"苏黄"。

黄庭坚在朝中任国子监教授时，有位同事名叫刘挚，此人后来升官为宰相。两人曾同在史馆编写史料，中午就在史馆用膳。每天下班时，有厨师就来登记明天的膳食菜单。黄庭坚是南方人，对饮食很讲究，常点一些山珍海味。而刘挚是北方人，对吃喝不讲究，只要是面食就行。他总是回答："来日吃蒸饼！"，即"明儿吃蒸饼！"。

有一天，众人在一起聚餐。因都是搞文史资料的，都精通文字，有人提出行酒令，要以四字拼合成一字，否则认输，当罚酒四杯。

坐首席第一人行令道：戊丁成皿盛

"成"字，小篆写作"丁"和"戊"。"丁""戊"为"成"。"成"与"皿"合成"盛"。

第二人行令道：

白玉珀石碧。

"珀"读"pò"，也读"bó"。常用于琥珀（pò），指古代松柏树脂的化石，可做装饰品，可入药。这四个字组成"碧"。

第三人行令道："里予野土墅。"

刘挚行令道："禾女委鬼魏。"

轮到黄庭坚时，他故意提高嗓门，学着刘挚北方的家乡话行令道："来力敕正整。"

这里的"来"与"力"字合为"勑"，是"敕"字原先的俗体字，他用在这儿正巧构成四个字，最后成为"整"字。用刘挚的家乡话读，听起来与"来日吃蒸饼"相似。大家听了，都抚掌称妙。

这些文字大师，功底甚是了得，即便开个玩笑，也是学问高深，妙不可言。

育儿长大成人——充

　　"充"字是个上下结构的形声字兼会意字。下面的"儿"字，作形符，表示跟儿女有关；"充"字上面的"厶"字是"育"字简省的写法，读"yù"，作声符并会意。

　　"育"字与"儿"字组合，指"育儿长大成人"。因指的是育儿长大成人，这跟儿女有关，所以古人用"儿"字作"充"字的形符。

　　古人为什么用"育"字作"充"字的声符呢？

　　甲骨文、金文的"育"字是个会意字，字形像倒写的"子"字，表示妇女生孩子之意，"育"本义指"妇女生孩子"。由此引申指生养、养育之义，又引申指培养、教育等义。而"充"字表示"育儿长大成人"，这与"育"字的本义相吻合，所以古人用"育"字作"充"字的声符并会意。

　　楷书的字形由小篆演变而来，写作"充"。

　　"充"字的本义指"育子成人"。由本义引申指"足、满"，如填满，布满及充分具有称"充满"，充沛畅达称"充畅"，足够、尽量称"充分"，充足旺盛称"充沛"，丰富、充足和加强，使完备称"充实"，充足宽裕称"充裕"，多到能满足需要称"充足"。

　　"充"字由"满"引申指"装满""塞满"，如充满、塞满称"充斥"，也称"充塞"；充满、流露称"充溢"，还有充血、充饥、充电、充磁、补充、扩充、充耳不闻、汗牛充栋等词语。"充"字由"塞住"引申指"担任"，如充当、充任、充军，又引申指"冒充"。如用不合条件的人或物凑数称"充数"，蒙混冒充称"混充"，也称"假充"，画饼充饥、滥竽充数都是这个意思。

172

"充"和"汗牛充栋"

成语"汗牛充栋"是用来形容书籍极多，要用牛车来运。牛要使劲拉才行，累得浑身出汗。"充栋"，就是充满了整栋房子。这一成语，只能用来形容书籍多，而不能用来形容别的事。为什么会这样呢？这要从这一成语的出典谈起。

唐代散文家柳宗元，曾为唐代一位著名学者陆质写过一篇墓表，以示悼念。

陆质，字伯冲，吴郡人，即今日江苏吴江人。是唐代著名的经学家。他对孔子所著的《春秋》有深入的研究，编有《春秋集注》《春秋辨疑》《春秋微旨》等研究专著。他曾讲学二十年，著书十年，对于当时的学者和后世的学者都有较大的影响。他的著作，对柳宗元的思想也有很大影响，所以柳宗元称他为师，以做他的弟子为荣。

陆质去世后，柳宗元为他写了篇刻在墓碑上的墓表，在叙述陆质生平事迹时，开头就提到：孔子作《春秋》这一千多年来，很多人潜心研究它，为它作注释、写评论，表达了各种各样的见解。这些人相互间切磋探讨，也有激烈争论，他们写出的相关书籍"处则充栋宇，出则汗牛马"，真是多得很。文章接着就介绍陆质对《春秋》研究的独到之处，做出了肯定的评价。

后人将柳宗元在墓表中所写的"处则充栋宇，出则汗牛马"这十个字紧缩成"汗牛充栋"四字，作为成语流传下来。上句话中的"处"字，指这些书放在家里。"出"字，表示带出门去。"汗牛"指牛拉车要出大汗。"充栋"的"充"字就是充满，"栋"就是指屋子。这句话意为这些书放家里要堆满一屋子，带出门用牛车拉，牛要出大汗。

明白了这一成语的来历，便晓得这四个字只能用于形容书籍多，不能用于其他。

心中忧愁的样子——忡

　　小篆的"忡"字是个左右结构的形声字兼会意字。左边的"竖心旁"指心，作形符，表示跟人的心理活动有关；"忡"字右边的"中"字读"zhōng"，作声符并会意。"心"字与"中"字组合，指"人的心里忧愁苦闷"。因是指人的心里忧愁苦闷，这跟人的心理活动有关，所以古人用"心"字作"忡"字的形符。

　　古人为什么用"中"字作"忡"字的声符呢？

　　甲骨文的"中"字是象形字，像古代氏族社会的旗帜。古代人凡有大事，先在广场中央竖一旗帜，众人便从四方聚到旗下共商大事。"中"字的本义为"旗帜"，后由本义引申为"中央"，又引申为"内部、里面"，如"心中"。它还引申指"中间、当中"，又引申指"合适、适中"，还引申指"正好、正对上"……"中"字里的好多含义，都跟"忡"字的人心里忧愁苦闷有关联。古人为突出人的忧愁与苦闷是出自内心的，故用"中"字作"忡"字的声符并会意。

　　楷书的字形由小篆演变而来，写作"忡"。

　　"忡"字的本义指"忧愁苦闷的样子"。忧虑不安称"忡忡"，"忧心忡忡"形容忧愁苦闷，心事重重，"忡忡"指"忧愁的样子"。

　　"忡"字不读"zhōng"。

"中"字加心又为"忡"

南京奇人郑可鉴，痴迷于研究汉字，尤其爱捣鼓拆字解字，几乎成了个测字名家。

郑可鉴虽说开了家小得可怜的旅游公司，也算个老板，但干的是导游的活儿。这天，他带了一队游客去无锡游灵山大佛。

老郑坐下休息时，有位小伙要他陪着去给大佛烧香许愿。老郑问："你给菩萨烧香许愿，求什么大事呀！"

小伙子坐下，如实相告："后天要高考了，不管哪个大学，我只要考中就行。我听说你会测字，你就给我测个'中'字，看能不能考中。"

老郑严肃地说："你可不能把我当成测字算命骗钱的导游啊。我给你当当参谋吧。你烧香许愿又来测'中'字。你以为测个'中'字就能考中？'中'字加一倍就能稳定考中么？两个'中'字为'串'。你无心写'串'，说不定接连考中，那就是'双中'。但你求香拜佛，这就是有心写'串'，那就是'患'了。"

小伙子不服气地说："你咋不说'中'字，有心就是'忠心耿耿'的'忠'呢？'忠心耿耿'有什么不好呢？"

老郑一听，对小伙子说："怪不得你一直跟着我，还要我给你测'中'字。那我就告诉你，你有心测'中'，那就是个'忡'字。这字读"chōng"，不读"zhōng"。古代写作'憃'，竖心旁边是三个'虫'字，表示忧虑不安。你想，你心里好像有不少虫儿在爬、在拱，你能不闹心吗？所以你才忧心忡忡。这次你听我的，进了考场，淡定！淡定！先把考中考不中放到一边去，这是考试过后的事。考前尽全力去考。无心为'中'，有心为'忡'，你心里哆哆嗦嗦的，吓都吓死了，怎考得中？你把心放宽，宽得无边无际，只有'中'字，那你就很有可能考'中'，到时轻松上阵吧！"

小伙子听了，热心沸腾，激动得紧紧地拥抱了一下郑导游，以示感谢。

尾巴翘起的 **虫** 子

　　甲骨文的"虫"字是个象形字，字形像一条头向上昂，尾巴翘起来的虫子。字形像蛇，读作"huǐ"，即虺，是一种毒蛇。金文的字形由甲骨文演变而来，形状大致相同，但更加线条化。小篆的"虫"字由甲骨文、金文繁化而来，但使其整齐化，写作"蟲"。隶变后的楷书写作"蟲"，后来简化为"虫"。

　　"虫"字的本义指"毒蛇"，因大多数昆虫的幼虫都是弯弯曲曲蠕动的，有点像蛇。由"蛇"引申指"昆虫类动物的总称"，如对人或农作物有害的昆虫称"害虫"；因害虫引起植物大面积死亡的灾害称"虫害"，也称"虫灾"；虫子也称"虫豸（zhì）"；蛇也称"长虫"；身体扁平，吸人和牲畜血液的昆虫称"床虱"，也称"臭虫"；直接或间接对人类有利的虫称"益虫"；咬树杆、衣物、书籍及谷类的小虫称"蛀虫"；爬行动物也称"爬虫"；寄生虫、蚜虫、钩虫、吸血虫、萤火虫、雕虫小技、冬虫夏草等的"虫"都是指"昆虫"。

　　"虫"字由本义泛指"动物"，如老虎也称"大虫"。

　　"虫"字也用来指具有某种特点的人，但大都含有轻蔑的意思，如称懒惰的人为"懒虫"，称紧随人后没主见的人或小孩"跟屁虫"，书虫、网虫、可怜虫、应声虫、糊涂虫等都在此列。

不死的臭"虫"

这天，无锡梁溪谜语研究会的朋友们聚会聊到"可怜天下父母心，一个个望子成龙"时，会长马汉文出语惊人："世上哪有龙啊。地球上最多的是虫。"美国昆虫学家托马斯研究过，昆虫的数量占地球动物总量的百分之八十五，因此有人把地球称为"昆虫的行星"。

小陶说："我琢磨过，有人说甲骨文的'虫'字是指'蛇'，这种说法恐怕太绝对。像蛇的虫儿太多啦，蚯蚓、蛔虫、钩虫、血吸虫、蚂蟥……这些虫都像蛇。为什么不可以反过来说'虫'字的本义就是指虫，因为蛇像虫，所以才用'虫'字旁加上像蛇的'它'字组成'蛇'字呢？"

赵振南说："'虫'音通'重'。重重（chóng）成重（zhòng）啊。'重'字一读"chóng"，表示重复；二读"zhòng"，表示重量。昆虫繁殖力强，生长速度快，周期短，一只成虫产一次卵多达数千个。没有任何动物的繁殖力能与昆虫相比，所以重重叠叠方为'虫'啊。"

马汉文听罢，说道："赵老，昆虫不仅繁殖力强，生命力也惊人呢。夏草冬虫自不必说，我上大学时发现一个生命奇迹。那年春末，我们宿舍里臭虫成灾，晚上睡不着觉。一天，我捉住个大家伙，气得用一枚大头针从它颈部刺下去，然后将它钉在靠脚那头的窗框上。

一晃春天过去，迎来暑假，又送走秋冬。春节后我回校收拾床铺，我睡上铺，当我准备擦窗户时，发现七八个月前钉下去的大头针已锈迹斑斑，而大头针下那只臭虫，居然舞动着几只细丝般的脚，好像在向我致意，对我示威。我以为看走了神，凑近再看，没错，是活的。我又怀疑是风吹的，就屏住气，凝视了好久，确认这家伙还活着。我慈悲为怀，对这具有顽强生命力的臭虫充满了敬意。于是将它拔下来，扔到窗外草丛中，让它自生自灭了。"

崇山峻岭

　　古代的"崇"字，是个上下结构的形声字兼会意字。上面的"山"字是形符，表示跟山有关；下面的"宗"字是声符，读"zōng"，这两个字形合在一起，指"山非常高大"。

　　古人为什么用"宗"字作"崇"字的声符呢？因为"宗"字有辈份高的意思，这就是我们常说的"祖宗、列祖列宗"。而"崇"指山非常高大，所以"崇"字以"宗"字作声符并会意。

　　有专家考证，"崇"字原为"嵩"字，读"sōng"。这是个会意字，指"山高大"。隶变后楷书写作"嵩"，异体字写作"崧"。"嵩"字的本义指"山高大"，后来这个字用来特指五岳中的中岳"嵩山"，另外四个是东岳泰山、西岳华山、南岳衡山、北岳恒山，这是我国历史上五大名山。中岳最早称为"崇山""崧山"，后来用法分化，专用"嵩"字表示"嵩山"，而"崇"字泛指高大，另外的"崧"字作为异体字放到一边去了。

　　"崇"字的本义指"山高而大"，如高而险峻的山称为"崇山峻岭"，最高的、最高尚的称为"崇高"。"崇"字由本义引申指"尊敬、重视"，尊敬、敬佩称"崇拜"，信仰称"崇奉"，推崇尊敬称"崇敬"或"崇尚"。

　　"崇"字也作姓氏用。

小篆
崇
隶书
崇
楷书

[瓦当欣赏]

秦汉瓦当

"崇祯"是短命年号

年号是纪年的名称，多指帝王用的，如"贞观"是唐太宗李世民用的年号。现在我们所用的是公元纪年。

中国封建社会从公元前475年的战国时期算起，一直到清朝灭亡的1911年为止，其间经历了共2386年。在这将近二千四百年的时间里，不知经历了多少王朝。每个帝王上台，都要给自己找个吉祥的年号，有些帝王在台上还不断地更换年号，以求长治久安。

王朝由盛而衰，不断更替。许多人不从历史发展、社会制度、帝王自身的能力及统治阶层的骄奢淫逸、荒淫无度以及对人民群众的横征暴敛、敲骨吸髓、残酷镇压上去找根源，而是推敲年号的吉祥与否，以此来断定这个王朝被历史淘汰的原因。这是十分荒唐可笑的。

朱元璋夺取政权后，建立明朝，年号为"洪武"。他在位三十一年，时间也不算短了。到朱由检当皇帝时，他将年号改为"崇祯"。这个"祯"字就是"吉祥"的意思，"崇"字有"崇尚、崇奉、推崇"之意。崇尚吉祥，错在哪儿呢？偏偏这倒霉的崇祯皇帝，被农民起义军逼得在煤山自杀了。

崇祯皇帝自杀后，大明江山也就此灭亡了。有不少人在这年号上寻找失败原因，认为这年号不好。"崇"字，上为大山，下为"宗"字。"宗"者，是祖宗、宗族之义。祖宗宗族创建的业绩便是大明江山，现在大明江山为山所压，还会有什么好结果呢？

还有人煞有介事地说，早知如此，当初应该以"崈"字代替"崇"字。古文字中确实有过"崈"字，把"宗"字放在"山"字上面。这个字后来消失了。但这样一改就能挽救大明江山吗？这只能是痴人说梦话，一场文字游戏罢了。

显贵的居室——宠

　　"宠"字是个上下结构的形声字兼会意字。上面的宝盖头作形符，表示跟房屋居室有关。在甲骨文中，"宀"字读"mián"，本义指"古代的一种简易房屋"，现在只作偏旁用，凡从"宀"的字，都与房屋、覆盖等义有关，如室、宫、家、安、宝等字。"宠"字下面是"龙"字，读"lóng"，作声符并会意。

　　"龙"字与"宀"组合，指"十分显贵的居室"。因是指居住的房屋，这跟"宀"字有关，所以古人用"宀"作"宠"字的形符。

　　古人为什么用"龙"字作"宠"字的声符呢？

　　古代的"龙"字是个象形字。字形当是天上闪电的神化形象。古人不知道闪电，便将其神化为"龙"这种动物。隶变后的楷书写作"龍"，后简化为"龙"。

　　"龙"字的本义指"传说中的神异动物"，有尊贵、显贵之义，只有帝王才能称"龙"，诸如龙宫、龙子龙孙、龙颜大怒。所以古人用"龙"字作"宠"字的声符并会意。

　　楷书的字形由小篆演变而来，写作"寵"，后简化为"宠"。

　　"宠"字的本义指"显贵的居室"。由本义引申指"过分地偏爱"，如溺爱、娇纵偏爱称"宠爱"，一般用于长辈对晚辈；比喻受到特别喜爱的人称"宠儿"，一般含贬义；宠爱受信任称"宠信"；旧时指地位低的人被地位高的人宠爱称"宠幸"。还有争宠、失宠、恩宠、受宠若惊、哗众取宠等词语。

"宠"和"宠辱不惊"

唐朝初年，朝廷有位官员名叫卢承庆，是幽州涿县人，即今日河北涿县人。唐太宗在位年间，他曾担任过"考功员外郎"的官职。这个官职是专管较高级别官员考核工作的，要对这些官员任职期间的功劳和过失作出评价，以对他们的升迁或降职及惩罚做出处理。

当时国家的收入主要靠各地农民交皇粮来维持，这些皇粮大都由水路运往长安，南方一带，有的地方还由海路转运。从朝廷到每一州县，都有专门负责运粮的官员，其中有位名叫虞亮的押粮官，他所负责的运粮船，在运输途中，有艘大船触礁沉没，损失惨重。因是首次由海路运粮，经验不足，为此受了点处罚，后来又官复原职。卢承庆在年底给虞亮考绩时，给他评了个"中下"。用今日标准看，则刚及格，卢承庆去征求虞亮的意见。虞亮点头认可，表示没意见，也没疑惧或欣喜神情，坦然自若，好像意料中似的。这事就定下了。

卢承庆回去仔细一想，觉得那艘大船沉没，是因突然遇上狂风恶浪，这不是虞亮所预料和能够挽救的，把责任全推到他一人身上，似乎不公，他犹豫再三，给虞亮加了半分，改评为"中中"，并再次叫来虞亮，问他有无异议。虞亮仍然是点头认可，既不欣喜若狂，也不垂头丧气，更没说一句感激之类的客套话。卢承庆见这人沉着冷静，不亢不卑，心胸开阔，不斤斤计较，不阿谀（yú）奉承，便夸奖道："好样的！宠辱不惊，真是难得！"

卢承庆把他的考绩又提升了半级，定为"中上"，这就相当于"优良"了。

这件事，在《唐书·卢承庆传》中记得很详细，后人将他说的"宠辱不惊"四个字作成语流传下来，表示被宠不骄，被辱也不急。反之，则是"受宠若惊"或"宠辱若惊"，这些都称不上是好态度。现在常说的是"受宠若惊"，形容得到表扬或赞赏而感到万分惊喜非常兴奋，对这样的表现，人们都持批评和不以为然的态度，因此也就有点贬义了。

用手提取一部分——抽

　　"抽"字是个左右结构的形声字兼会意字。左边的"提手旁"作形符，表示跟手的动作有关；"抽"字右边的"由"字读"yóu"，作声符并会意。

　　"手"字与"由"字组合，指"用手从整体部分提取出一小部分"。因是指用手提取，所以古人用"手"字作"抽"字的形符。

　　古人为什么用"由"字作"抽"字的声符呢?

　　对古代的"由"字有两种不同的解读。有专家认为，甲骨文的"由"字是个象形字。字形像竹木编的盛器形状，如同今日的篮子、竹筐。本义指"竹木编的盛器"。后来引申指"凭借"，如：由此可知。后来引申指"原因""经由""来自"等意思。

　　也有人认为，"由"字是个指事字，"田"字上面出头的一短竖是指"由此路可进入田里"。本义指"从这儿、自这儿"。与前面所说是一致的。而"抽"字是指用手从整体部分提取出一部分，也有"从这儿""来自这儿"的意思，所以古人用"由"字作"抽"字的声符并会意。

　　楷书的字形由小篆演变而来，写作"抽"。

　　抽字的本义指"从整体中取出一部分"，如抽检、抽测、抽查、抽选、抽调、抽空、抽签、抽奖、抽身、抽税、抽丝等。

　　"抽"字由本义引申指"长出"，如抽芽、抽穗、抽苔；由"长出"引申指"引出、吸"，如抽斗、抽屉、抽烟、抽水机；由"吸"引申指"收缩"，如抽搐、抽动、抽筋、抽风、抽缩；又引申指"用条状物打"，如抽打、抽鞭子。

"打**抽**丰"和"打秋风"

中国的语言极为丰富，除了书面语、口语，还有俗语、谚语、成语、歇后语、方言等。

俗语是一种使用频率很高的语汇，人们经常在书面语或口语中使用。这是一种约定俗成，广泛流行的定型语言。俗语属于民间流行的通俗语句，带有一定地方特色，具有方言性。

旧时代，在市民阶层，特别是相对熟悉的人群之间有"打抽丰"的风气。何为"打抽丰"？用通俗的话说，就是指"分肥"，指一些人用各种关系和种种借口向别人索取财物。为什么称之为"打抽风"呢？明朝有位学者名叫郎瑛，他在《七修类稿》一书中提到，北宋书画家米芾在给别人的书信中曾提到"抽丰"二字。郎瑛认为"抽丰"就是世面上所说的"秋风"之义。有些地方较为丰稔，就到那儿去"抽分"。"稔"字读"ren"，指庄稼成熟，也称"丰稔"。既然丰稔，就到那儿去抽取一点，分一点儿，这就叫"抽丰"。后来"抽丰"就用来泛指一些以各种借口向乡绅或有钱人索取财物的行为。清代史料笔记《永宪录》一书中写道："有无厌之辈，一遇门生授外职；老师、世兄及同年、故旧探望索取，名曰'抽丰'。"可见这种风气，在民间和官场很盛行。

后来，"打抽丰"又怎么变成"打秋风"了呢？这跟秋风有何相干？看来，除了"打抽丰"和"打秋风"三字谐音之外，还有个具体情况也很重要。当时官府的衙役，每到秋风乍起，天气逐渐寒冷时，便以做棉衣为名，向各家商铺店主或乡绅富裕人家募款，所以渐渐将"打抽风"演变为"打秋风"。

"打抽风"演变为"打秋风"，也有些地方说成"打秋丰"或"打秋荒"，这在明清小说或戏曲唱词中可常常看到。到后来，一些人有意到饭桌酒席上蹭饭吃也称"打秋风"，但这时的词义多为玩笑或戏谑，已没有什么恶意了。

势不两立，相对为**仇**

　　"仇"字是个左右结构的形声字兼会意字。左边的单人旁为形符，表示跟人有关；右边的"九"字读"jiǔ"，作声符并会意。

　　"人"字与"九"字组合，指"二人相对，势不两立"，指的是仇人。因指的是相互有仇恨的人，所以古人用"人"字作"仇"字的形符。

　　古人为什么用"九"字作"仇"字的声符呢？

　　在汉字中，"九"字属数字词，"九"是极数。从一到九，"九"字到了极点。而"仇"是两人势难两立，对抗到底，也有到了极点的意思，所以古人用"九"字作"仇"字的声符并会意。

　　楷书的"仇"字由小篆演变而来，写作"仇"。

　　"仇"字的本义指"势不两立的敌人"。

　　仇人、敌人称"仇敌"，因利害冲突而产生强烈憎恨称"仇恨"，仇人也称"仇家"，因有仇恨而杀害称"仇杀"；仇恨、怨恨称"仇怨"，采取行动打击仇敌称"报仇"，结下仇恨称"结仇"。还有国仇、世仇、私仇、冤仇、旧仇、仇视等词。

　　"仇"字读作"qiú"时，作姓氏用。

九次追问，谁是仇人

南京奇人郑可鉴，因会拆解汉字，交了不少文友。

这天，有位山东大汉，特地找上门来。此人姓包，名天仇。他一坐下，开门见山，说明来意，他仰慕郑可鉴知识渊博，精通字理，想请他测个"仇"了，看他埋在心底的仇恨能否复仇，以告慰父母在天之灵。

郑可鉴闻得此言，不由心里一个咯噔。这个话题牵涉到行凶报复、杀人放火，已超出咬文嚼字、搞文字游戏的范畴了。他耐心倾听，方知原委。几十年前的一个傍晚，包天仇的父母挽着年幼的他，在一乡村小路散步时遭一蒙面人袭击，此人用小铁棍将他父母当场打死。恐怖的情景历历在目。他改名天仇，发誓要为父母报仇，但不知凶手是谁，公安部门也一筹莫展。他今日以"仇"字求测，问何时能报这血海深仇？

郑可鉴想了想，直言相告："这一疑案已过去数十年，要想破案，恐怕很难。你要学古人或国外骑士为父报仇，追寻凶手，私下了结，恐怕与当今法律条文不符。你要我帮你测个'仇'字，我就谈谈我的见解。"

郑可鉴写了个繁体字'讎（chóu）'字说："这繁体仇（讎）字由两个并排的'隹（zhuī）'字组成，'隹'指小鸟。一只小鸟追问另一只小鸟，谁是仇人？这简化后就要变成人有九次追问，谁是我的仇人？俗话说，'君子报仇，十年不晚'，你的仇已经过去十年了。'仇'字告诉我们，报仇前一定要弄明白，谁是仇人？这个重任，恐怕只有国家权力机关才能确定，你自己不能私设公堂，自行解决。"

山东大汉失望地说："你是叫我不要报仇了？"

郑可鉴点点头："确实如此，仅供参考。"

一字一世界

185

耕作过的田地——畴

　　甲骨文的"畴"字是个象形字。字形就像田地收割完庄稼后，经过一番深耕细作所留下的痕迹。弯弯曲曲，像耕田后犁铧留下的印痕，上有两个半圆的圈儿，好似耕牛犁田时留下的蹄印。这幅画面告诉我们，这是耕作后等待播种的熟地。

　　金文的字形与甲骨文大体相似。小篆的字形由金文演变而来，成了个左右结构的形声字。左边是"田"字，作形符，右边是"寿"字作声符，读"shòu"。楷书的字形由小篆演变而来，右边的"寿"字复杂化，后简化为"畴"字。

　　"畴"字读"chóu"，本义指"已耕作过的田地"。

　　田地、田野称"田畴"，平坦的田地称"平畴"，如千里平畴、平畴沃野。

　　"畴"字由本义引申指"种类、类别"，如各门科学都有自己的一些基本"范畴"。也指"类型、范围"，如汉字属于表意文字的"范畴"。

"承畴" 和 "成仇"

　　这是个对联故事，也是个谐音故事，算得上是个构思巧妙的谐音对联故事。要把这故事说明白，先得介绍两个人。

　　先说洪承畴。清军迫近京城时，崇祯皇帝调他率军守卫明都，在防守松山时，他被清军俘虏，后投降清军，为清军所重用，率军入关，占领北京，不久又挥师南下，平定江南，回京后任兵部尚书，总督军务兼理粮饷，后来又受康熙帝重用。他在明朝末年，为挽救大明王朝尽了力，投降清廷后又为清朝的统治立了功，因此这是个有争议的人物。恨之者骂他卖国求荣，寡廉鲜耻，就连他的老母被他接进京城，一见面就用拐杖打他，怒问他为何不以死报国。

　　另一位人物叫史可法，是抗清名将，在扬州率领军民固守城池，后城破被俘，宁死不降，英勇就义，与洪承畴成了鲜明对比。

　　洪承畴进京后，去看望被清廷关押的名士黄石斋，想劝他归顺清廷，但黄石斋紧闭双目，不看他一眼。待洪承畴走后，他立即奋笔疾书，写下一对联：

> 史笔留芳，虽未成名终可法
> 洪恩浩荡，不得报国反成仇

　　此联寓意深刻，对仗工整。上下联开头两字用了两人的姓，末尾两字用了两人的名。一忠一奸，对比鲜明，褒贬恰当。上联赞史可法忠贞不二，下联斥洪承畴卖国求荣。上下联第一字和最后三个字连起来就是"史终可法，洪反成仇"。这里的"终"谐音"忠"，"成仇"谐音"承畴"，表明史可法忠，洪承畴反，也表明史可法终究是值得学习的，不像洪承畴那样不能报国反成仇。

　　据说这副对联还有一种版本：

> 史鉴流传真可法
> 洪恩未报反成仇

主人再向客敬酒——酬

　　"酬"字是个左右结构的形声字兼会意字。左边的"酉"字作形符，表示跟酒有关；右边的"州"字读"zhōu"，作声符并会意。

　　"酉"字与"州"字组合，指"在酒席宴上，客人向主人祝酒后，主人再次起身给客人敬酒作答谢"。

　　因为是酒席宴上敬酒的事，所以古人用"酉"字作形符。因为"酉"字在古代就是"酒"字。

　　古人为什么用"州"字作"酬"字的声符呢？

　　古代的"州"字，指水中的陆地。而水中的陆地有"止息"的意思，无论是人还是鸟兽，都可在州上暂时休息停留。古时当主人再次向客人敬酒时，客人若不善饮，即可谢饮，不再喝酒，即"停止"之意，所以古人用"州"字作"酬"字的声符并会意。

　　楷书的字形由小篆演变而来，写作"酬"。

　　"酬"字的本义指"主人再次向客人敬酒"，如主客互相敬酒称"酬酢（zuò）"，泛指"应酬"。

　　"酬"字由本义引申指"用钱物偿付或报答"，如酬报、酬金、酬劳、酬谢、报酬、稿酬、计酬。

　　"酬"字由本义又引申指"往来、交际"，如用诗词相互酬答称"唱酬"，用诗词相互赠答称"酬唱"，用诗词应答称"酬和"。

　　"酬"字假借指"实现"，"壮志未酬"指愿望未能实现。

一心只为酬三顾

　　诸葛亮是三国蜀汉政治家、军事家，字孔明，山东沂水人。早年是孤儿，东汉末年随叔父到荆州避难，后隐居隆中，观察时局。当时刘备为扩大势力，访寻人才，三次到诸葛亮所居茅庐请教。诸葛亮为刘备献策，认为曹操地广人众，挟天子以令诸侯，不可与之争。孙权居江东，地势险要，民众附和，有良将贤臣，可与之联和，而不可侵犯。建议先夺荆州，再取益州作为立足点，然后和西南少数民族友好相处，主张"外结孙权，内修政理"，积蓄力量，伺机北向中原，统一全国，这就是著名的"隆中对策"，为刘邦制订了建国大纲。刘备言听计从，联孙攻曹，建立了蜀汉政权。刘备称帝，诸葛亮任丞相，刘备死后，诸葛亮辅助刘禅，被封为武乡侯。他尽心尽力，治理蜀国，注重农业，兴修水利，抑制豪强，对西南地区的统一和经济文化发展做出了贡献。他曾先后五次伐魏，率军进驻五丈原时，病逝于军中，死后被尊称为武侯。

　　现在，好多地方建有武侯祠和武侯庙，庙旁都挂有这样一副对联：

　　　收二川，排八阵，六出七擒，五丈原前
　　　点四十九盏明灯，一心只为酬三顾；

　　　取西蜀，定南蛮，东和北拒，中军帐里
　　　变金木土爻神卦，水面偏能用火攻。

　　上联中的"二川"，即川东和川西，泛指四川；"八阵"即八阵图；"六出"即六出祁山；"七擒"即七擒孟获；"五丈原"即诸葛亮病逝处；"三顾"即刘备"三顾茅庐"。

　　下联中的"东和北拒"即联吴搞曹，"变金木土爻神卦"指制定战略，"火攻"指火烧赤壁。上联用了十个数词，下联就用"东西南北中"这五个方位，和"金木水火土"这五行相对。上下联五十六个字概括了诸葛亮的一生。其中"酬"字重如泰山。这一字充分表达了诸葛亮"鞠躬尽粹，死而后已"的一生，都是为了报答刘备三顾茅庐的知遇之恩。

秋天悲凉　人心多愁

　　"愁"字是个上下结构的形声字。上面是"秋"字，表示读音；下面是"心"字，表示这个字与心理有关，"愁"的本义是"忧虑、忧愁"，如发愁。

　　古人造字，用心良苦。"愁"字为什么不用"春"字作声符呢？按理说"春"与"秋"相比，读音更接近"愁"呀。要晓得，春暖花开，万物生长，欣欣向荣，人们的心里欢乐开朗，与忧虑愁苦正巧相反。

　　秋天，黄叶纷飞，冷风飕飕，秋雨阵阵，草木凋零，人们触景生情，容易产生悲凉、忧虑的心情，这就是古代文人所说的"悲秋"。由于秋天容易使人产生忧虑、悲愁的情绪，所以在"秋"字下加一个"心"字表示人的忧"愁"，就是"愁"字。

　　"愁"字以"秋"字来表示人们心中的忧虑悲伤，它把人们的心理变化，一种抽象的情绪，更加形象化和具体化，这就是人人都可感受到的"秋天的心情"。用"秋天的心情"，也就是"秋心"准确地表达了"愁"字的深刻内涵。

　　形容人们忧虑、忧伤的心情的词汇有很多，如愁肠、愁怀、愁闷、愁思、愁绪、愁苦，还有具体形象的"愁眉苦脸"。

汉《石门颂》　　　　　　　　北魏《李超墓志》

心高气爽不再"愁"

重阳节到了，出版社办公室吴主任去看望生病住院的老编辑老王。据医生讲，老王生病可能与刚退休不适应有关。他情绪低落，愁眉不展，常唉声叹气。特别是入秋以来，他常感叹人生苦短，睡不着，吃不下，加上伤风感冒，就只好住院了。

吴主任知道了老王的病因，略一思忖，便有了话题。他在老王床头坐下，未开口，先叹了口气，诉说自己已过中年，渐入老年，又讲到自入秋以来，自己心情总是灰溜溜的、酸楚楚的，家里养的猫死了，如何伤心落泪，就连喝杯茅台酒也尝不出美味……

老王一听，有了认同感，找到了共同话题。他劝慰吴主任："你才五十来岁，有啥好愁呢？"

吴主任接住话头说："说到愁字，我想起你写的那本《话说成语》，其中有个'秋高气爽'。我弄不明白，秋季天高云淡，气候凉爽，人很舒服，怎么心情就愁苦呢？"

老王一听，来了精神，用手指在掌心上一边写一边解释道："'心'在秋下，这才成'愁'呀。"

吴主任反问道："若是我心比天高，气贯长空，还愁苦不？"

老王愣了一下，笑道："如若能那样想得开、看得透，还有什么可愁的呢？"

吴主任诚恳地问老王："你心里有什么忧愁的事，尽管跟我说……"

老王若有所悟，握住吴主任的手说："自退休以来，我的心一直被秋风秋雨压住，翻不了身。你这一说，解开了我心里的疙瘩。其实我没有什么好愁的。有的事愁了也没用。我想通了，明儿我就回家，我还要修订那本《话说成语》呢。"

吴主任拍着老王的手背说："老王，写吧。你若是能把成语'秋高气爽'改写成'心高气爽'，我请你喝茅台酒！"

老王爽朗地说："好，一言为定！"

一字一世界

投壶游戏用的 筹 码

　　"筹"字是个形声兼会意字。上面的竹字头是形符，表示与竹子有关；下面的"寿"字作声符，"寿"字原先的笔画很复杂，后简化为"寿"，这样才成了"筹"。

　　"筹"字的本义指古代宴会上，人们玩投壶游戏时所用的一种形状像竹签或筷子似的箭，也有的是长条形的。这种筹，一般用竹片或木片制作，也有精致的，用象牙或玉石制作。

　　因为"筹"字大多数是以竹片制作的，所以从竹，表示是竹签。又因为"寿"表示活的岁数大，而游戏时以投入壶中的竹签多为胜，所以用"寿"字为声符兼表意。

　　"筹"字的本义指竹签，也称"竹筹"、筹码。这种筹码是用来计数的，酒桌上以筹码来计算酒的杯数。宾主用筹码劝酒，所以又称"酒筹"。

　　"筹"字由本义引申指"领取物品的凭证"，所以筹码常常用在粮行运米、澡堂搓背、面店端面等商业活动中。现在的麻将桌上，也用这种筹码。因为是计数的，所以用作筹算、略胜一筹、稍逊一筹。

　　"筹"字由本义又引申指"谋划"，如筹划、筹办、筹备、筹建、筹谋、统筹、统筹兼顾、运筹帷幄。

　　"筹"字由"谋划"又引申指"想办法收集"，如筹措、筹集、筹借、筹募、一筹莫展。

金文

小篆

隶书

楷书

宋·欧阳修《醉翁亭记》

个个寿安——筹

中国人的平均年龄在渐渐增长，中国老年人的数量也在逐年增多。如何使老年人安度晚年，成了社会关注的大问题。老年人自己呢，也在不断解放自己，想方设法让自己的晚年过得更加美满幸福。

南京有十几位退休老编辑，在原工会主席老吴的召集下，成立了个"猴友团"。这十几位老人，冬去海南，夏往东北，以避南京的酷热与严寒。他们如候鸟般来往于南北，小日子过得有滋有味，他们自称为"猴友"，如同爱好旅行的人自称为"驴友"一样，再说，自称猴子，还有活泼可爱的味儿呢。

这年冬天，中国南方遭遇特大冰雪灾害，南京的气温下降到了滴水成冰的地步。"猴友"们幸亏出发得早，在暴风雪到来之前，已在海南岛天涯海角温暖的沙滩上晒太阳了。

唉，真可惜，老吴因感冒被拉下了。在家里，他十分想念十几位老伙计。他每天除了打电话，还常常发短信，向远在海南的老伙计们问好。

老吴发的短信，大多以诗词为主。每封短信末了的祝颂语，可谓别出心裁，用的是"筹安"二字。开始，老友们并不在意，后来见末了都是"筹安"，有人忍不住打电话来问："吴老，筹安是什么意思呀？哪有这么个说法的！"

吴老不客气地回答："看不懂？那就集体讨论吧！"

几位老人经过集体研究，终于明白了，"筹"字拆开是两个字，上面是"竹"字头，下面是"寿"字。"竹"字可看作两个"个"字。老吴的"筹安"二字是祝大家"个个寿安"啊。个个长寿，这是最好的祝福呀。